자본가
마인드셋

SHIHONKA MIND SET

Copyright© MASAKAZU MITO, GENTOSHA 2019

Korean translation rights arranged with GENTOSHA INC.

through Japan UNI Agency, Inc., Tokyo and Tony International, Seoul

이 책은 Japan UNI Agency, Inc.와 토니 인터내셔널을 통한 권리자와의 독점 계약으로,
한국어판 저작권이 "(주)다니기획"에 있습니다. 저작권법에 의해 한국 내에서 보호를 받는
저작물이므로 무단전재와 무단복제를 금합니다.

자본가 마인드셋

당신이 원하는 인생을 살 수 있는 비결

미토 마사카즈 지음

안혜은 옮김

CAPITALIST
MIND
SET

다니비앤비

이 책은 자본가로 살아가기 위해 필요한
마음가짐과 사고방식의 틀에 대해 다루고 있다.

직장인이여,
이제는 '자본가'로 살아가자.

'자본가'란 도대체
무엇을 하는 사람일까?

마르크스 경제학에서 말하는
자본가를 가장 먼저 떠올릴 지도 모른다.
마르크스 경제학에서 말하는 자본가는
한마디로 노동자를 착취하여 이익을 챙기는 악당 같은 사람이다.
마르크스의 사상을 모르더라도 자본가라고 하면
대부분 악질 기업의 경영자 같은 이미지를 떠올리지 않을까.

'좋아하는 일을, 좋아하는 사람과,
원하는 대로 하는 사람'

이것이 내가 생각하는 '자본가'의 모습이다.
사실 이것은 츠타야를 운영하는 마스다 무네아키 씨가 한 말이다.
이 말을 들은 순간 내 마음은 크게 요동쳤고
나도 남은 인생을 그렇게 살아가기로 마음먹었다.

과연 어떻게 해야
그런 인생을 살 수 있을까?

핵심은, **'타인의 시간'이 아닌 '자기의 시간'을 사는 것**이다.
좋아하는 것을, 좋아하는 사람과, 원하는 대로 하면서 살아가려면
유한한 시간을 최대한 활용해야 한다.
남의 사정에 휘둘리며 '타인의 시간'을 살아갈 틈이 없다.
'자기의 시간'의 효율성을 극대화시켜야 한다.

앞으로는 현금 부자가 아닌,
시간 부자가 '인생의 승자'가
될 것이다.

나는 벤처 사업 투자가로 일하며
지금까지 1,000명 이상의 자본가들과 만났고 친분도 쌓았다.
덕분에 그들이 여러 상황 속에서 어떻게 의사결정을 내리고
행동하는지 구체적으로 살펴볼 수 있었다.
멋지게 사업에 성공해 주식을 상장하거나
회사를 매각해 막대한 자산을 쌓아 올린 자본가들의 공통점은
시간 대비 효과를 극대화하는 방법,
즉 최단 시간에 최대 효과를 올리는 방법을
늘 고민하고 실천하는 것이었다.

자본가는 돈과 노동에서
자유로운 존재다.

연봉 수백만 엔을 얻기 위해 회사를 옮기고
출세 경쟁에 뛰어든다는 생각은 직장인의 마인드셋이다.
과다 경쟁을 강요당하는 것에 비해
돌아오는 것이 얼마 없는 필드에서 싸우고 있는 한,
죽을 때까지 '좋아하는 일을, 좋아하는 사람과,
원하는 대로 하는' 인생을 살 수 없다.

'자본가 마인드셋'을 익히면
똑같은 노력으로도
수백 배 이상의 아웃풋을
창출할 수 있다.

왜일까? 이유는 간단하다. 자본주의 세계에서는
자본가에게 가장 유리하게 게임이 진행되기 때문이다.
게임을 만든 사람이 이기는 방법을 아는 것은 당연하다.

나도 몇 해 전까지는
직장인이었다.

하지만 뛰어난 자본가들과 만나 다양한 경험을 쌓으며
'자본가 마인드셋'을 익혔고 그 결과 자본가의 반열에 들 수 있었다.
완벽하지는 않아도 '좋아하는 일을, 좋아하는 사람과,
원하는 대로 하는' 인생을 살 수 있게 된 것이다.

지금 '직장인의 삶에 만족해도 되는 걸까?'

이런 불안감과 문제의식을 느끼는 사람이 있다면
내가 익힌 '자본가 마인드셋'을 공유하고 싶다.
그것이 이 책을 쓴 목적이다.

여러분도 나와 함께
자본가의 길을 떠나보지 않겠는가?

자본가 마인드셋 10개조

1. '자기의 시간'으로 산다

2. 공회전을 없앤다

3. 스케줄을 '타인의 시간'으로
   채우지 않는다

4. 티셔츠에 청바지 차림으로 일한다

5. 회사명이나 직함이 아닌
   개인의 이름으로 성과를 낸다

6. 업무 시간을 자유롭게 정한다

7. 돈을 임팩트 있게 쓴다

8. 좋아하는 일, 하고 싶은 일을
   '직업'으로 갖는다

9. '취미 편차치 리스트'를 만든다

10. 목소리는 언제나 크게 한다!

CONTENTS

제5장

회사를 사서 '자본가'가 되다

제6장

자본가의 3대 원칙

제7장
자본가 마인드셋 10개조

"하고 싶은 일을 차례차례 실현하는 것이
자본가의 행복이다."

제1장

자본가란
무엇인가?

손정의의 '시급'은
얼마일까?

·

임기 중에 매출 약 9조 엔, 영업이익 1조 엔을 돌파하고 직원 수 7만여 명의 회사를 일구어 낸 소프트뱅크의 손정의는 휴대폰 및 통신 사업으로도 모자라 10조 엔에 달하는 소프트뱅크 비전펀드까지 운영하고 있다.

그렇다면 그의 시급은 어느 정도일까? 강연회에서 이런 질문을 하면 "100만 엔 정도?", "300만 엔은 되겠죠"라는 대답이 돌아온다.

여기서 말하는 시급이 '노동'의 대가라면 그의 임원 보수는 약 1억 3,000만 엔이므로 회사에서 연간 2,000시간을 일한다 쳤을 때 시급은 약 6만 5,000엔 정도에 불과하다. 이는 맥킨지앤드컴퍼니 같은 유명 컨설팅펌에서 일하는 컨설턴트보다도 적은 금액이다.

하지만 그에게는 시급 개념으로 파악할 수 없는 막

대한 수입이 있다.

바로 자신의 회사에서 나오는 배당 수입이다. 소프트뱅크 주식의 시가총액은 약 10조 엔이다. 그중 약 20%의 지분, 즉 2조 엔 정도를 그가 소유하고 있다.

그 배당 수입이 연간 약 100억 엔이다. 임원 보수가 '노동 대가'라면 배당 수입은 '주주 대가'이며 여기에는 노동 시간이 따로 존재하지 않는다.

즉 그가 소유한 닭의 가치는 약 2조 엔이다. 그 닭이 매년 약 100억 엔의 '황금알'을 낳고 있다. 1억 3,000만 엔에 달하는 임원 보수는 닭을 잘 키운 것에 대한 '노동'의 대가인 셈이다.

'노동'을 통해 먹이를 줄수록 닭의 몸집은 커지고 더 많은 알을 낳게 된다. 그는 노동 '시스템'을 노련하게 이용하여 상승 효과를 얻고 있는 것이다.

'자본가'는 '투자가'나
'경영자'가 아니다

●

'손정의 같은 사람을 예로 들다니. 어차피 흉내도 못 낼 텐데.'

이렇게 생각했다면 오산이다. 내가 생각하는 '자본가'는 보통 사람은 꿈도 못 꿀 멀리 있는 존재가 아니다. 마음만 먹으면 누구나 자본가로 살 수 있다. 회사의 주식을 보유하여 경영을 자신의 통제 하에 두면 된다. 이것이 전부다.

다만 주식 투자로 배당이나 캐피털 게인(자본 이득)을 얻는 데서 멈춘다면 자본가라 할 수 없다. 그런 사람은 '투자가'라고 부른다.

투자가는 투자한 회사가 이익을 내면 돈을 벌지만 경영이 어려움에 부딪히면 손해를 본다. 직접 경영에 관여하지 않고 그 회사의 경영진, 즉 타인의 능력에 의존하는 일종의 도박을 벌이는 셈이다.

가령 상장 기업의 주식을 사서 주주가 돼도 0.00001% 정도의 지분으로는 자신의 의지를 경영에 관철시킬 수 없다. 회사의 실적은 경영진의 방침이나 다양한 거시 환경 등 내 실력과는 상관없는 곳에서 결정된다.

물론 '앞날에 대한 예측'은 하고 있기 때문에 투자가로서의 능력이 전혀 필요없는 것은 아니다. 하지만 그것은 자신의 예측으로 마권馬券을 사는 것과 같다.

내가 말하는 자본가의 삶은 이와는 전혀 다르다. 어디까지나 **자신의 수완으로 회사를 성장시켜 이익을 얻기 때문이다.** 경마로 치면 마주馬主에 해당한다.

마주가 기수나 조련사와 다르듯이 자본가도 현장(회사)을 지휘하는 경영자와는 다르다. 주식회사는 제도상 자본과 경영이 분리되어 있다.

즉 자본가는 경영자에게 현장을 맡기기 때문에 그날그날의 업무는 별로 많지 않다. 경영자는 한 회사에서만 일을 할 수 있지만 자본가는 여러 회사를 자신의 지배하에 둘 수 있다.

자산이 없어도
자본가가 될 수 있다

●

'회사를 좌지우지할 정도의 주식을 보유하려면 막대한 자금이 필요하겠지?'

전혀 그렇지 않다. 필자의 졸저《직장인은 300만 엔으로 작은 회사를 사라サラリーマンは300万円で小さな会社を買いなさい》의 후속편,《직장인은 300만 엔으로 작은 회사를 사라-회계 편》에서도 언급했고 이 책에서도 언급하겠지만 작은 회사의 가격은 의외로 저렴하다.

일본M&A센터에서 운영 중인 M&A 인터넷 중개 서비스 회사 '배턴즈batonz'에는 '300만 엔 미만의 양도 안건'이라는 카테고리가 있는데, 그곳에서는 직장인이 보유한 자금 정도로 매수 가능한 회사가 심심치 않게 발견된다. 현재 일본은 중소기업의 '대폐업 시대'를 맞고 있기 때문이다.

경영자는 점점 나이를 먹는데 적당한 후계자가 나타나지 않는 중소기업은, 당장은 회사에 이익이 나고 있어도 중장기적으로는 매출을 유지하기가 어렵다. 그래서 **'믿을 만한 사람이 인수한다면 저렴하게 매각하고 싶다'고 생각하는 오너 경영자가 생각보다 많다.** 폐업은 공장을 정리해야 해서 많은 돈이 들어가기 때문에 공짜로 넘기려는 경영자도 있을 정도다.

참고로 필자는 자금이 전혀 없는 상태로도 '자본가'가 되었다. 현재는 '일본창생투자'라는 30억 엔 규모의 투자펀드를 운용하며 몇몇 회사를 경영하는 중이다. 이 일을 시작할 때 들인 투자금은 겨우 2만 4,900엔이었다.

여기에 투자가의 돈, 즉 '타인의 자본'과 성공 보수를 적절히 조합하여 나름대로 큰돈을 움직이는 자본가가 된 것이다.

자본가는
'돈 낳는 시스템'을
만드는 사람

·

그렇다면 자본가가 하는 일은 무엇일까?

앞에서 자본가란 회사의 주식을 보유하여 경영을 통제하는 사람이라고 설명했다. 경제학적으로 말하자면 그렇다는 뜻이다. 하지만 자본가가 하는 일의 본질은 그 설명에는 없다.

자본가가 해야 할 가장 중요한 일은 '돈 낳는 시스템'을 만드는 것이다.

'일을 한다'고 할 때 보통 그 주체는 '사람'이다. 하지만 나는 그것이 노동의 본질이라고 생각하지 않는다. 일의 목적은 '무엇을 창출하느냐'에 있다. 즉 최대한 적게 움직여야 더 많은 것을 창출할 수 있다.

시간은 누구에게나 유한하다. 하루 24시간, 1년 365

일밖에 없다.

그러나 같은 1년 동안 300만 엔을 버는 사람이 있고 3억 엔을 버는 사람도 있다.

3억 엔을 버는 사람은 300만 엔을 버는 사람보다 100배나 많이 일하고 있는 것일까?

물론 그렇지 않다. 오히려 300만 엔을 버는 사람이 3억 엔을 버는 사람보다 많이 일하는 경우가 많다.

직장인의 일의 주체는 기본적으로 사람(자신)이다. 유한한 시간을 쪼개서 일하기 때문에 벌이는 제한적이다.

하지만 자본가는 같은 시간에 몇 배나 많은 돈을 번다. **직장인이 '덧셈' 방식으로 돈을 번다면 자본가는 시간을 효율적으로 사용하면서 한정된 자원을 몇 배로 부풀리는 '곱셈' 방식으로 번다.**

돈 버는 '시스템'이라고 표현했지만 그 실체는 당연히 사람이다. 사람이 움직이지 않으면 부를 낳을 수 없다. **단, 자본가는 자신이 아닌 타인을 움직인다.**

사람을 부려 이익을 얻는다고 하니 마르크스 경제학에 등장하는 악질 자본가가 연상될 수도 있다.

그렇지만 사회가 자본주의에 의해 돌아가고 있는 이

상, 그러한 구조가 될 수밖에 없다.

근로자가 과로사로 내몰릴 때까지 일을 시키는 일은 당연히 없어야겠지만 자본가와 근로자가 없으면 이 세상의 경제는 돌아가지 않는다.

높은 보수를 받는 직장인은 적지 않다. 대기업에 고용된 사장의 연봉은 억 단위일 것이다. 그런 직장인의 삶을 부정하는 것은 결코 아니다.

다만 앞에서도 언급했듯이 소유권owner-ship이 없으면 '좋아하는 것을, 좋아하는 사람과, 원하는 대로' 하면서 살기 어렵다.

그뿐인가.

'과로사할 정도만 아니면 힘든 건 참을 수 있어, 정년까지 월급만 꼬박꼬박 나오면 나는 직장인으로 살아도 충분히 행복해.'

앞으로는 이러한 인생 계획도 이루기 힘든 시대가 될 것이다.

부자가 되고 못 되고를 떠나서 직장인이라는 직업 자체가 머지않아 멸종할 것이기 때문이다. 여기에 대해서는 다음 장에서 자세히 설명하기로 한다.

돈은 행복을 위한
'도구'일 뿐

"돈 낳는 시스템을 만들어서 곱셈 방식으로 부를 쌓는다는 건 금융 자산이나 부동산 수입으로 먹고산다는 뜻이죠?" 이런 질문을 종종 받는다.

그것은 '자산가'가 사는 방법이지 '자본가'가 사는 방법은 아니다.

자산가는 돈을 모아서 돈을 번 사람이다. 그러므로 적극적으로 돈을 쓰지 않는다. 기본적으로 자산을 '지키며' 산다. 말하자면 돈 자체가 목적인 라이프스타일이다.

자본가에게 돈이란 삶에 필요한 '도구'일 뿐이다. 번 돈을 모아두지 않고 다음 사업에 계속 사용한다. 그런 식으로 **하고 싶은 일을 차례차례 실현하는 것이 자본가의 행복이다.**

원래 돈 자체는 아무런 가치가 없으며 행복을 위한

도구에 지나지 않는다고 생각한다.

'사람은 돈으로만 행복해질 수 없다'라는 말이 있는데 사실이 그렇다.

내가 아는 한 자산가는 재산이 수백억 엔인데도 늘 가족에 대한 푸념을 늘어놓는다. 돈이 많아도 행복하지 않은 것이다.

자본가의 목적은 지켜야 할 자산을 갖는 것이 아니다.

적어도 나는, 돈이란 '써야 가치가 있다'고 생각하고 있기 때문에 절대 저금을 하지 않는다. **돈을 벌면 이번에는 어디에 쓸 것인지부터 생각한다.**

이 책에서는 돈에 대해 계속 이야기할 것이고 자본가가 돈을 버는 방법에 대해서도 설명할 것이다. 다만 여기서 필자가 말하는 '자본가가 되자'는 말이 '부자가 되자'는 뜻은 아니라는 점을 몇 번이고 강조하고 싶다.

아무리 돈이 많아도 거기에 걸맞은 마인드가 없으면 자본가라 할 수 없다. 즉 돈이 없어도 마인드만 있으면 자본가로 살아갈 수 있다는 뜻이다.

한 달에 5시간 일하고
매출 100만 엔

●

'돈 낳는 시스템을 만든다'는 말은 구체적으로 무슨 뜻일까?

손정의를 예로 들면 너무 먼 이야기처럼 느껴질 것 같아서 필자의 이야기를 예로 들겠다.

2018년 4월, 필자는 첫 저서인 《직장인은 300만 엔으로 작은 회사를 사라》를 출간했다. 책 출간 이후 책의 내용보다 좀 깊이 들어간 개인 M&A의 노하우를 구체적으로 알고 싶다는 요청이 쇄도했다.

그래서 DMM이 운영하는 온라인 살롱(인터넷 유료 회원제 커뮤니티-옮긴이) 서비스를 통해 '직장인이 300만 엔으로 작은 회사를 사는 살롱 : 개인 M&A 실천단'이라는 사설 공부방 같은 커뮤니티를 개설했다.

회원은 두 달 만에 100명이 넘었고 이 책을 집필하

는 현재 130명을 기록 중이다. 이곳은 월정액제로 운영되고 있고 회원은 매달 1만 엔의 회비를 내고 활동한다. 나는 DMM에 25%의 사용료를 지불하고 남은 돈으로 월평균 100만 엔의 수입을 올리고 있다.

그렇다면 나는 이 온라인 살롱을 운영하는 데 내 시간을 얼마나 쓰고 있을까?

이 살롱의 회원들은 실제로 매수할 회사를 찾는 사람들이다. 투자를 고려 중인 곳에 대해 페이스북 비공개 그룹에 질문을 올리면 필자나 다른 회원이 의견을 단다. 그것을 바탕으로 투자 안건에 대한 의견을 주고받는 것이 살롱의 주요 활동이다.

이 온라인 살롱에서는 구체적인 투자 안건이 없어도 'M&A 초보자 스터디', '회원 간 진행 상황 보고회' 같은 자발적인 스터디 모임이 부정기적으로 열린다. 회원끼리 지식을 공유하고 깊이 교류함으로써 서로 윈윈하여 개인 M&A를 실현할 수 있도록 지원하고 있다.

이곳을 운영하는 데 내가 할애하는 시간은 하루에 10분 안쪽이다. 한 달에 한 번 오프라인 스터디에 참석한다고 해도 한 달에 5시간이 채 안 된다.

개인 시간을 쓰지 않아도 회원들의 자발적인 활동

으로 이벤트 등이 많아지면 살롱의 가치는 저절로 높아진다.

회원들의 질문에 단 댓글은 차곡차곡 저장되어 추후에도 볼 수 있기 때문에 몇 번씩 같은 내용의 댓글을 달 필요도 없다. 그렇게 축적된 노하우를 책이나 자료로 만들면 현금화^{monetize}도 가능하다.

스마트폰만 있으면 전 세계 어디에 있든 온라인 살롱을 운영할 수 있다. 자투리 시간을 쓰기 때문에 사실상 운영에 대한 부담감도 거의 없다.

그렇다고 회원들을 등쳐서 돈을 버는 것은 아니다.

살롱 회원들에게 해 주는 어드바이스는 내가 운영 중인 일본창생투자라는 투자펀드 회사에서 직접 경험한 M&A 노하우에 바탕을 두고 있다. 예전에는 투자펀드에 들어가야만 이 같은 노하우를 알 수 있을 정도로 정보를 알아내기가 힘들었다.

월 1만 엔에 '맛집의 영업 비밀'을 알아낼 수도 있으니, 내 입으로 말하기는 좀 그렇지만 오히려 너무 저렴한 편이 아닌가 싶다.

같은 목표를 꿈꾸는 회원들과 교류하는 동안 고민과 과제를 공유하면서 개인 M&A를 실현할 수 있다는 이점도 크다.

회원들은 이런 활동에 가치를 느끼기 때문에 직장인에게 결코 적지 않은 월 1만 엔의 회비를 투자하는 것이다.

나는 1대1 M&A 컨설팅 요청이 들어왔을 때 월 10만 엔이든 50만 엔이든 절대 돈을 받지 않는다. 시급이나 월급을 받으며 하다 보면 내 시간을 구속당하기 때문이다.

수입 면에서는 내가 운영 중인 투자펀드 회사를 키우는 데 힘을 쏟는 것이 압도적으로 효율적이다.

'개인 M&A를 널리 알려서 자본가라는 새로운 커리어를 직장인에게 제공하는 한편 일본의 우량 중소기업을 구제하고 싶다.' 온라인 살롱은 이런 생각으로 만든 시스템이다.

하지만 비즈니스의 측면에서 생각하면 '내 시간'을 쓰지 않아도 되는, 시스템화가 철저히 구축된 수입원이라 할 수 있다.

'시스템화'는 '자기의 시간'을
최대한 절약하는 것

●

정보 가치를 현금화하는 이 같은 비즈니스 모델은 예전부터 '회원제 모델' 또는 '정기 구독형 모델'이라는 이름으로 존재했지만 참여가 쉽지 않았다.

그러나 인터넷과 스마트폰의 발달로 이제는 운영자와 회원 모두에게 참여 장벽이 낮아졌다.

정보 제공 비용을 한없이 낮추면서도 고객에게 널리 가치를 제공할 수 있게 되었기 때문이다.

자본가는 이와 같은 '시스템화'할 수 있는 방법을 끊임없이 찾아내서 활용하는 특기가 있다.

왜일까?

그들은 인간에게 가장 중요한 자산은 시간이며, '시스템화'가 '자기의 시간'을 최대한 절약하는 방법이라는 것을 알고 있기 때문이다.

어떤 일을 '시스템화'하고 그 나머지는 '타인'이나 '기계'에 맡긴 다음 '자기의 시간'을 확보해서 새로운 일에 착수한다. 다시 그 일을 '시스템화'하여 시간적인 여유를 확보하고 새로운 일을 찾아서 시작한다. 이와 같이 계속해서 새로운 가치를 창조해 최대화시키는 것이 바로 '돈 낳는 시스템' 만들기이다.

호리에몬은
왜 킥복싱을 할까?

●

'호리에몬'이라는 별명으로 유명한 호리에 다카후미 씨는 "초밥집에서 도제식 수련을 받는 것은 더 이상 필요 없다"는 발언으로 찬반양론을 불러일으켰다.

비즈니스 관점에서 볼 때 고급 초밥집은 장인 한 사람의 기술에 의존하는 부분이 너무 크기 때문에 '시스템화'하기가 어렵다. 가게의 규모를 확장해서 매출을 늘리기 쉽지 않은 것이다.

이를 '시스템화'하려면 가르치는 사람의 능력이 중요하다. 말로 설명하기 어려운 장인의 기술을 매뉴얼 교육으로 전환해서 누구나 쉽게 초밥 기술을 습득할 수 있도록 해야 한다.

반대로 맥도날드 같은 패스트푸드점은 누가 만들어도 같은 품질의 제품이 제공된다.

이제는 고급 생선을 구하는 루트나 초밥 레시피 같은 정보는 얼마든지 어렵지 않게 알아낼 수 있는 세상이 되었다. 이를 활용하면 몇 년씩 힘들게 수련하지 않아도 고급 초밥집과 비슷한 수준의 초밥을 만들 수 있고 여러 개의 점포를 거느리며 매출을 늘릴 수 있다.

"초밥집에서 도제식 수련을 받는 것은 더 이상 필요 없다"는 발언은 이러한 맥락에서 나온 것이었다.

참고로 호리에 씨는 언제 어디서나 철저한 '시스템화'를 추구한다.

가령 강연회나 이벤트 후에는 으레 진행자와 참가자가 단체 사진을 찍기 마련인데, 그런 경우 자기에게 할당된 시간이 끝나도 바로 귀가하지 못하고 촬영이 끝날 때까지 기다려야 한다. 그는 이런 사진 찍는 시간조차 아까워 하는 사람이다. 어차피 그런 사진은 타인의 자기만족에 일회성으로 소비될 뿐이기 때문이다.

'자기의 시간'을 뺏기기 싫어서 실물 같은 가면을 비서에게 씌우고 그것으로 촬영을 끝내자고 했을 정도다.

또 그는 '자기의 시간'의 효율성을 높이기 위해 최근 킥복싱으로 몸을 단련 중이다.

킥복싱은 순간적으로 심박 수가 올라가는 전신 운동

이라서 몸 전체에 근육이 붙는다. 나도 그의 권유로 킥복 싱을 시작했는데, 10분 동안 전력으로 미트를 치고 나면 일어설 수 없을 정도로 체력과 근력이 소비된다. 시간 대비 효과는 체감상 달리기의 10배 정도는 되는 것 같다.

호리에 씨는 내가 아는 한 가장 자본가 마인드가 강한 사람 중 한 명이다.

그의 모든 발상이 자본가 마인드셋의 모범적인 예이다.

'자기의 시간'은
희소성 높은 유한 자본

●

경제학적으로 보면 자본은 돈, 주식 같은 금융 자본과 건물, 설비 등의 물적 자본, 그리고 근로시간, 노동 기술 같은 인적 자본으로 나뉜다. 즉 자본은 '사람, 물건, 돈'으로 나눌 수 있다.

금융 자본과 물적 자본을 이용해 돈이 돈을 낳는 시스템을 만드는 것이 자본가에 대한 일반적인 이미지일 것이다.

하지만 '시스템'을 이용한 성공의 열쇠는, 앞에서 언급했다시피 '시간'이라는 '인적 자본'이 쥐고 있다.

자본가에게는 '자기의 시간'만 유한하며 그 밖의 자본은 무한하기 때문이다.

'금융 자본', '물적 자본'에 **'타인의 시간'인 '인적 자본'을 활용하여 그 효율성을 극대화하는 것이 바로 자본가**

가 구축해야 할 '시스템'이다.

여러분이 자본가가 되려면 희소성 높은 '자기의 시간'을 본인이 추구하는 인생의 가치를 창조하는 데 모두 쏟아부을 수 있어야 한다.

"자본주의 시스템을 이용할 줄 아는 사람이
승자가 될 수 있다."

제2장

직장인은 부자가 될 수 없다

일본에서 임대료가
가장 비싼 빌딩에는
어떤 회사가 입주해 있을까?

●

1장에서는 '자본가'로 살아가야 하는 이유에 대해 이야기했다.

그것이 지극히 매력적인 선택지의 하나라고 믿기 때문이다.

그리고 다가올 시대에는 비즈니스맨이 자본가가 되어야만 행복해질 수 있는, 적어도 자본가다운 마인드셋이 없으면 살아남을 수 없는 긴급한 사정이 있다.

2장에서는 여기에 대해 설명한다.

나는 업무차 오피스 빌딩에 갈 때면 목적지로 향하기 전에 로비에 있는 입주 기업들의 일람표를 천천히 살펴보는 버릇이 있다. 그 지역의 빌딩에는 어떤 회사가 들어와 있는지 궁금하기 때문이다.

신마루노우치 빌딩 입주 기업 (2019년 2월 기준)

층수	종목	기업명
36층	금융	레그 메이슨 애셋 매니지먼트
36층	금융	웨스턴 애셋 매니지먼트
35층	금융	칼라일 재팬
35층	금융	레그 메이슨 애셋 매니지먼트
32층	제조	일본진공광학
30층	제조	AGC(아사히유리)
29층	법률 사무소	모리슨 포스터 외국법 사무 변호사 사무실
27층	금융	심플렉스 파이낸셜 홀딩스
27층	금융	심플렉스 애셋 매니지먼트
26층~25층	금융	미쓰비시 UFJ 리스
24층~15층	금융	SMBC 닛코 증권
14층	인재	파소나
13층	연수	KEE'S
13층	금융/부동산	일본상업개발
13층	제조	일본신호

물론 사무실마다 임대료는 제각각이다. 같은 도쿄라 해도 위치에 따라 평당 단가에 큰 차이가 있다.

200평 이상 되는 대규모 사무실의 임대료 시세를 보면 가장 비싼 곳은 지요다 구의 마루노우치, 오테마치 인근으로 월 4만 엔 정도다. 명품 브랜드가 몰려 있어 고급스러운 느낌을 주는 아오야마, 롯폰기보다 1만 엔 이상 비싸다.

마루노우치 일대에서도 가장 임대료가 비싼 오피스 빌딩은 아마 도쿄역 바로 앞에 있는 신마루노우치 빌딩

일 것이다. 단순하게 생각했을 때 일본에서 임대료가 가장 비싼 이 빌딩에 입주해 있을 정도라면 그 만큼의 돈을 벌고 있는 회사임에 틀림없다.

그렇다면 이 빌딩에는 어떤 회사가 입주해 있을까?

꼭대기 층(36층)에 있는 레그 메이슨 애셋 매니지먼트는 미국에 본사를 둔 글로벌 자산운용 그룹이다. 같은 층의 웨스턴 애셋 매니지먼트는 그 자회사다.

35층은 칼라일 그룹의 일본 법인이다. 칼라일 그룹 역시 미국에 본사가 있는 투자펀드다. 투자자의 돈으로 회사를 사고 기업 가치를 높인 다음 매각하는 회사다. 규모는 칼라일이 훨씬 크지만 내가 운영 중인 일본창생투자와 똑같은 비즈니스를 하는 곳이다. 최근에는 오키나와의 오리온맥주를 매수하며 화제가 되기도 했다.

가장 높은(임대료도 비싼) 2개 층을 모두 금융계 회사가 차지하고 있다. 그리고 27층에서 13층까지도 금융계 회사가 수두룩하다.

참고로 이 빌딩에 입주한 3개의 제조사는 모두 미쓰비시 계열이다. 신마루노우치 빌딩이 미쓰비시의 소유이므로 온전히 실적만으로 들어온 것은 아닐 것이다.

그렇다면 일본에서 가장 비싼 오피스 빌딩은 거의

금융계 회사가 점거하고 있는 셈이다.

금융계가 얼마나 큰돈을 벌어들이는지 상상이 가는 대목이다. 실제로 금융계는 돈 버는 방식이 타 업계와 다르다.

왜일까?

이 세상은 '자본주의 사회'이기 때문이다.

투자한 자본이 새로운 자본을 낳으며 계속해서 증식하는 것이 자본주의 시스템이다. 그 안에서는 돈이 흘러가는 시스템과 그것을 어떻게 이용하는지 아는 사람이 강자다.

금융업은 돈을 이용해서 돈을 버는 비즈니스다. 그래서 큰돈을 버는 것이다.

신마루노우치 빌딩의 입주 기업 일람표는 그 현실을 우리에게 분명하게 가르쳐 주고 있다.

투자펀드만큼
효율적인 비즈니스 모델은 없다

20조 엔의 자금을 운용하는 칼라일 그룹과는 비교가 안 되는 규모지만, 필자가 운영 중인 일본창생투자라는 펀드 회사도 순조롭게 이익을 내고 있다.

일본창생투자를 시작하고 느낀 점은 투자펀드가 '굉장히 잘 만들어진 비즈니스 모델'이라는 점이었다.

이 일을 시작하게 된 이유가 있다. 내가 처음 취직한 회사는 소프트뱅크 인베스트먼트(현 SBI 인베스트먼트)라는 벤처캐피털 회사였다. 장래성 있는 스타트업 회사를 찾아서 투자하고 경영에 참여해 창업주와 함께 회사를 키워 나가는 일이었다.

회사의 업종과 업태도 다양해서 그 일을 통해 무려 1,000가지 이상의 비즈니스 모델을 볼 수 있었다. 그 경험을 통해 비춰 보아도 투자펀드의 비즈니스 모델은 매우 훌륭하다는 생각이 들었다.

호리에 다카후미 씨는 '**초기 비용이 들지 않는다**', '**재고가 없다**', '**총이익률이 높다**', '**고정수입이 있다**', 이 4가지를 이기는 비즈니스의 기본이라고 말한다.

보기엔 쉬워 보여도 이 조건을 모두 갖춘 비즈니스는 의외로 적다.

이익률이 높은 상품을 제조해서 판매하려면 공장이 필요하기 때문에 초기 자금이 많이 들고 재고도 어느 정도 떠안아야 한다.

그런데 투자펀드라는 비즈니스는 이 4가지 조건이 딱 들어맞는 일이다.

먼저 초기 비용이 거의 들지 않는다. 앞에서 언급했듯이 내가 펀드를 시작했을 때 쓴 돈은 겨우 2만 4,900엔이었다. 계약에 변호사 비용 등이 들지만 이것은 최종적으로 투자가가 부담하기 때문에 비용에 들어가지 않는다.

또 물건을 파는 것이 아니라서 재고가 없다. 내 경우에는 사무실조차 없었다. 마루노우치에 있는 형태뿐인 공유오피스에서 시작했었는데 크게 부담되는 경비는 아니었다.

또 총이익률은 '높은' 정도를 넘어서 100%에 육박한다. 상품 구입 및 제조에 드는 비용이 없으니 낭연하다.

네 번째 조건인 고정수입도 관리 보수管理報酬로 받을 수 있다. 투자펀드의 관리 보수 시세는 약 2%다. 내가 운용 중인 펀드는 30억 엔짜리이므로 일반 시세를 적용하면 연간 약 6,000만 엔 정도이다. 이 금액을 펀드 종료까지 고정적으로 받을 수 있는 것이다.

물론 수입은 또 있다. 투자한 회사의 기업 가치를 높여 매각하는 데 성공해 캐피털 게인이 발생하면 그중 20%를 성공 보수로 받을 수 있다.

누가 처음 생각해냈는지는 모르지만 위험을 최소화하고 큰 이익을 낼 수 있다는 점에서 이보다 더 효율적인 비즈니스 모델은 없을 것이다.

자본금과 사무실도 없이
직원 3명으로 30억 엔을 굴리다

●

일본창생투자의 사업 개요는 다음 표에 정리했다.

주로 후계자 문제를 겪고 있는 사업체의 승계, 경영 관리 실패로 인한 사업 재생, 기업 재편 및 젊은 사업가의 사업 매각 등을 안건으로 투자를 결정하고 있다.

해당 기업의 주식을 기본적으로 100% 보유하고 경영에 참여하여 기업 가치를 높인 다음 주식 시장에 상장하거나 대기업에 주식을 양도함으로써 각 안건의 투자금을 회수exit하는 방식이다.

현재 펀드의 회수금은 투자액의 2배 이상이며, 안건별 투자 이율은 70%를 돌파했다.

매각자와 매수자가 1대 1로 주식을 양도할 경우 회수금은 투자액의 2~3배 정도가 마지노선이다. 하지만 이를 10배로 늘리는 방법도 있다.

일본창생투자의 비즈니스 모델

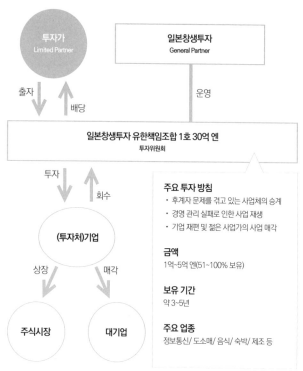

일본창생투자가 그동안 투자로 벌어들인 총 매출은 90억 엔에 약간 못 미치며 순이익은 4억 엔 이상이다.

만약 이 투자처들을 '일본창생투자홀딩스'라는 형태로 묶어 주식 시장에 상장한다면 어느 정도의 가치가 생길까?

현 시점에서는 그렇게 할 계획이 없기 때문에 어디까지나 가정이지만, 마침 우리와 똑같은 사례가 있어서 비교 삼아 소개한다. 식품 계열 중소기업을 여러 군데 인수해 2년 전쯤 상장을 완료한 요시무라푸드홀딩스가 그 사례이다.

'중소기업 매수'라는 비슷한 비즈니스 모델을 갖고 있었으며, 순이익도 우리와 같은 4억 엔이었다. 요시무라푸드홀딩스의 현재 시가 총액은 187억 엔의 가치가 있다.

상장을 하면 여러 가지 관리 비용이 발생해서 똑같은 가치를 낳지는 못하겠지만 당장 '일본창생투자홀딩스'를 만들어서 상장한다면 시가 총액이 최소 100억 엔 이상은 될 것이라 예상한다.

지금까지 투자처를 매수하는 데만 수십억 엔이 들었다. 투자처로부터 1대 1로 투자금을 회수하는 대신 상장을 선택한다면 단숨에 그 가치가 10배로 뛸 가능성이 있다.

물론 주식을 상장하려면 관리체제를 구축하는 등 거기에 뒤따르는 다양한 대응이 필요하고, 기업의 지속성이나 성장성도 요구되기 때문에 똑같이 비교할 수는 없다. 하지만 주식을 양도할 때 가격 협상을 한 명(1대 1)과

하느냐, 여러 사람과 하느냐에(증권시장에서 투자자를 모집) 따라 가격대 형성은 크게 달라질 수 있다.

주식 상장은 금융 세계에서는 당연하게 생각해야 할 정도로 매우 기본적인 지식이다. 이런 메리트가 없다면 같은 일을 하고도 전혀 다른 결과를 얻게 될 것이다.

일본창생투자는 이런 사업을 필자까지 포함해 3명이 다 하고 있다. 자금도 없고 사무실도 없이 단 3명의 직원이 운영한다.

3명이 이렇게 큰 규모의 비즈니스를 할 수 있다니, 모르는 사람이 들으면 사기처럼 보일지도 모른다. 하지만 투자펀드라는 비즈니스가 원래 그렇다.

우리는 가만히 있으면서도 돈이 돈을 낳는 구조를 만든다. 그 결과 시급을 '더하기'만 하는 직장인보다 월등히 많은 이익을 창출할 수 있다. 투자펀드란 자본주의 사회에서도 지극히 자본가적인 비즈니스 모델이라고 할 수 있다.

직장인의 출세 경쟁은
'합성의 오류'

●

'합성의 오류'라는 경제학 용어가 있다.

　미시적인 수준에서 옳은 것을 모으면 거시적 수준에서도 옳은 결과가 나올 거라 생각하지만 반드시 그렇지는 않다. 누구나 옳다고 생각하고 한 행동이 뜻밖의 나쁜 결과로 이어질 때가 있다. 이것이 '합성의 오류'다.

　예를 들어 극장에서 연극을 본다고 치자. 앞 사람의 머리 때문에 시야가 가릴 때 자리에서 일어나서 보면 문제가 해결된다. 미시적 관점에서는 그래야 옳다.

　하지만 한 사람이 일어나면 그 뒷사람도 일어날 수밖에 없다. 누구나 '제대로 보려면 이렇게 해야 옳다'고 생각해서 일어났는데 결국 다 같이 앉아서 볼 때와 다를 게 없어지는 것이다.

　이런 이야기를 하는 이유는 일본의 직장인들이 합성

의 오류를 범하고 있다고 생각하기 때문이다.

직장인들이 경쟁자보다 더 좋은 수입을 얻으려면 계속 실적을 내면서 출세 경쟁에서 이겨야 한다. 미시적 관점에서는 그것이 옳다.

하지만 누구나 같은 생각을 한다. 극장의 경우처럼 누구나 출세를 위해서 경쟁하면 결과적으로 큰 차이가 생기지 않는다.

물론 전부 사장 자리에 오르는 것은 아니다. 나름대로 차이는 생길 것이다.

하지만 압도적인 차이를 벌리려면 출세 경쟁에서 벗어나서 다른 방법으로 싸워야 한다.

그러면 어떻게 해야 할까?

2013년에 출간된 후지하라 가즈히로의 베스트셀러 《먹고사는 데 걱정 없는 1% 평생 일할 수 있는 나를 찾아서》는 여기에 대한 대답을 한 가지 알려준다.

이 책에 따르면 직장인이나 공무원의 평균 시급은 3,000~5,000엔이다. 반면 전문직 종사자 중 많이 받는 사람은 3만 엔 정도의 시급을 받는다.

또한 보스턴컨설팅이나 맥킨지앤컴퍼니 같은 유명 컨설팅 회사의 컨설턴트들은 약 8만 엔을 시급으로 받는다.

정규직이 아닌 아르바이트의 시급이 800~1,000엔이라고 했을 때, 가장 시급을 많이 받는 사람과 가장 적게 받는 사람의 격차는 시간당 100배에 이른다.

너무하다는 생각이 들 수도 있지만 이들의 시급이 낮은 이유는 그만큼 희소성이 없다는 뜻이기도 하다. 즉 많은 수입을 얻으려면 '1%의 사람'이 되어야 한다는 것을 알 수 있다.

그러므로 남다른 커리어를 쌓아서 전문성을 높여야 한다는 것을 알 수 있다. 100명 중 1명만 보유한 전문성을 3가지만 갖춰도 100만 명(100명×100명×100명) 중에 하나뿐인 존재가 될 수 있다.

이것이 후지하라 씨의 주장이다.

'시급 8만 엔'도
어차피 '덧셈'의 세계

•

하지만 나는 이런 것 역시도 '도토리 키 재기'라고 생각한다. 후지하라 씨의 주장은 요컨대 '시급을 올리자'는 것이기 때문이다(아무 의미 없는 주장이라는 뜻이 아니다. 나는 이 책에서 많은 것을 배웠으며 그를 매우 존경하고 있다).

내가 생각하기에 시급으로 환산하여 수입을 따지는 한 그것은 '덧셈' 방식의 벌이일 뿐이다. 5,000엔의 시급이 3만 엔, 8만 엔으로 오르더라도 직장인의 마인드셋으로 사는 것은 변함없다.

그의 책에서도 시급 8만 엔보다 더 위의 세계가 있다는 점을 언급한다. 기업가나 연예인 같은 직업이다.

하지만 그것을 현실적인 선택지로 추천하지는 않았다. 누구나 지향하는 세계가 아니기 때문이다.

예를 들어 애플의 창업주인 스티브 잡스처럼 혁신

을 실현하는 기업가가 될 수 있는 사람은 세계적으로도 극소수다. 할리우드에서 스타로 성공하는 사람도 마찬가지다.

아무리 노력한다고 하더라도 누구나 목표로 삼을 수 있는 자리가 아니며 운도 크게 좌우하기 때문에 실력이 출중해도 성공한다는 보장이 없다.

하지만 자본가는 다르다. **자본가의 삶을 살기로 마음먹고 필요한 마인드셋을 갖추기만 하면 누구나 자본가가 될 수 있다.**

막대한 자산도 필요 없고, 혁신을 일으킬 수 있는 뛰어난 재능도 필요 없다.

그러나 성공하기만 하면 시급을 따질 필요도 없을 만큼 큰돈을 벌 수 있다.

카를로스 곤의 보수는
너무 높았던 것일까?

•

1장에서 소프트뱅크 손정의의 연간 수입은 '회사 경영자'로서 약 1억 3,000만 엔, '자본가'로서는 약 100억 엔이라고 말했다.

임원 보수만 따지면 그보다 더 많이 받는 경영자도 얼마든지 있다.

'전문 경영인'으로서의 능력을 인정받은 산토리홀딩스의 CEO 니나미 다케시도 그중 한 명이다. 산토리홀딩스는 약 15억 4,000만 엔의 임원 보수를 8명이 나눠서 받는다. 따라서 그는 최소 2~3억 엔 정도를 받고 있을 것이다.

수완 좋은 경영자로 이름을 날린 닛산의 카를로스 곤도 마찬가지다. 수 차례의 체포와 오랜 수감으로 풍파를 겪고 있는 그의 임원 보수는 표면상 10억 엔이었다.

하지만 실제로는 약 20억 엔이었을 것이라는 게 문제가 되고 있다.

불법 행위 여부는 차치하고, 그가 20억 엔을 받았다 해도 나는 터무니없는 금액이라고 생각하지 않는다. 닛산의 매출은 약 11조 엔이며 약 7,500억 엔의 이익을 내고 있다. 직원 수는 약 14만 명이다. 그러한 회사의 경영자가 10억 엔을 보수로 받는 것은 오히려 너무 적은 것 아닐까?

만약 그의 임원 보수가 20억 엔이었다고 해도 2,000시간으로 나누면 시급은 100만 엔이다. 유능한 변호사가 받는 시간당 수임료의 약 10배다.

1%의 능력을 보유한 비즈니스맨이든, 세계 톱클래스의 경영자이든 노동 대가로서의 보수는 그 정도가 마지노선이다.

자본가가 기다리는 것은 '황금알을 낳는 닭'

●

다른 예를 들어 생각해 보자.

이런 식의 비교는 실례인 줄 알지만 라쿠텐 그룹의 미키타니 히로시와 산토리의 니나미 다케시 중, 경영 능력이 더 뛰어난 사람은 누구일까?

두 회사의 매출을 살펴보면 산토리는 약 2조 7,000억 엔, 라쿠텐은 약 1조 엔이다.

경상이익은 산토리가 약 1,800억 엔, 라쿠텐이 약 1,500억 엔이다. 직원 수는 산토리가 약 3만 8,000명으로 1만 4,000명이 일하는 라쿠텐보다 두 배 정도 많다.

숫자만 봤을 때는 거의 비슷하지만 그래도 니나미 다케시가 약간 앞선다. 창업주나 창립 멤버의 신분으로 CEO가 된 것이 아니기 때문에 그에게는 더욱 고차원적인 경영 능력이 요구되었을 것이다.

그렇다면 경영자로서의 노동 대가, 즉 임원 보수는 얼마일까?

라쿠텐은 3명의 임원에게 약 3억 2,000만 엔을 지급한다. 따라서 미키타니 히로시의 몫은 2억 엔 미만일 것이다. 니나미 다케시보다 약간 적지만 큰 차이는 없다.

하지만 미키타니 히로시는 손정의처럼 '황금알'을 낳는 닭을 보유하고 있다.

미키타니 히로시의 닭, 즉 라쿠텐 주식의 시가 총액은 약 6,150억 엔이며 그 배당금(황금알)은 매년 약 24억 엔이다. 임원 보수와는 차원이 다른 금액이다.

물론 니나미 다케시와 카를로스 곤에게는 스톡옵션과 실적에 따른 보수가 따로 있겠지만 미키타니의 주식 배당 금액에는 미치지 못한다.

경영자와 자본가의 차이는 바로 여기에 있다.

뛰어난 경영 능력으로 회사에 엄청난 이익을 가져다준다 해도 경영자로 머무는 한 자본가가 될 수 없다.

직접 회사를 세우지 않아도 자본가가 될 수 있다

●

〈포브스 재팬〉에서 조사한 2018년도 일본의 부자 순위를 보면 약 2조 2,930억 엔의 자산을 보유한 손정의를 필두로 '황금알을 낳는 닭'을 소유한 사람이 즐비하다.

산토리홀딩스의 회장 사지 노부타다는 3위에 올랐다. 그는 매년 약 20억 엔의 배당수입을 올리며 CEO인 니나미 다케시보다 훨씬 많은 돈을 벌고 있다.

다음 그래프를 보면 막대가 파란색과 하늘색으로 나뉘어 있다. 손정의와 미키타니는 파란색, 유니클로(패스트리테일링)의 야나이 다다시와 사지 노부타다는 하늘색이다. 어떤 차이가 있는지 눈치 챘는가?

그렇다. 파란색은 창업주, 하늘색은 2대째 또는 3대째 '후계 경영자'다.

물론 모든 회사가 창업주 시절부터 몸집이 컸던 것

일본의 부자 순위 톱10(2018년)

출처: 포브스 재팬

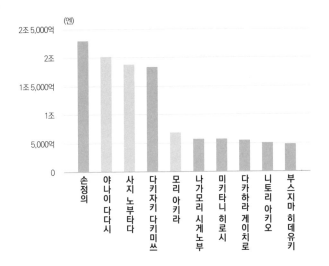

(엔)

2조 5,000억

2조

1조 5,000억

1조

5,000억

0

손정의 / 야나이 다다시 / 사지 노부타다 / 다키자키 다키미쓰 / 모리 아키라 / 나가모리 시게노부 / 미키타니 히로시 / 다카하라 게이치로 / 니토리 아키오 / 부스지마 히데유키

은 아니다. 유니클로의 야나이 다다시는 부친이 시작한 작은 회사를 물려받아 지금과 같은 글로벌 기업으로 성장시켰다.

'자본가로서 부자가 된다'고 하면 많은 사람이 바닥부터 직접 회사를 일구어 큰 성공을 거두는 사람의 이미지를 떠올린다.

예전보다 창업의 장벽이 낮아져서 그러한 길을 가려는 젊은이도 많아졌다. 하지만 그렇게 해서 사업에 성공하기는 굉장히 어려워졌다. 자기 손으로 '황금알을 낳는 닭'을 만들 수 있는 사람은 재능과 운을 타고난 극소수뿐이라는 것이 현실이다.

꼭 회사를 세워야 자본가가 될 수 있는 것은 아니다. 창업주는 기업가이자 자본가이지만, 원래는 별개다. 야나이 다다시처럼 창업주가 아니면서도 '부유한 자본가'는 많다.

요컨대 자본가는 '새로운 사업을 일구는 능력' 없이도 얼마든지 될 수 있는 것이다. 부모에게 상속을 받든, 타인에게 양도를 받든 '닭=주식'을 보유하면 자본가가 될 수 있다.

따라서 누구에게나 기회가 열려 있다.

앞에서도 언급했듯이 현재 일본에는 경영권을 물려받을 '후계자'가 없어서 폐업하는 회사가 늘어나고 있다. 따라서 저렴한 가격에 '닭'을 살 수 있는 기회도 늘어나는 추세다. **어느 정도 자리 잡힌 회사를 매수해서 키우는 것이 바닥부터 회사를 일구는 것보다는 훨씬 쉽다.**

직장인으로서 출세 경쟁을 뚫고 사장직에 오른다 해도 노동의 대가에는 한계가 있다. 말하자면 '덧셈'의 한계다.

그러나 자본가로서 '닭'을 키우며 매년 '황금알'을 낳게 한다면 그곳은 이미 '덧셈의 세계'가 아니다.

이제 직장인과 자본가의 차이를 이해할 수 있겠는가?

그래도 '시급이 있는 세계'에서 살기 원하는 사람도 있을 것이다. 수입이 적더라도 안정적인 생활을 원하는 마음을 이해 못하는 바는 아니다.

하지만 직장인이라는 존재 자체가 이미 멸종 위기에 처해 있는 상황이라면 어떤가?

괜스레 불안과 공포심을 부추기려는 것이 아니다. 나는 진심으로 그렇게 예측하고 있다. 여기에 대해서는 다음 장에서 자세히 설명하기로 한다.

"돈보다 내가 좋아하는 일을 위해 사는 것이
미래를 위한 큰 무기가 된다."

제3장

직장인은
멸종한다

직장인은 이미
'막부 말기의 무사' 같은 존재

●

직장인 중에 처음부터 적극적으로 '직장인이 되고 싶다'고 생각한 사람이 얼마나 될까?

물론 업계나 회사에 대해서는 수많은 선택지 중에 그 회사를 '내가 선택했다'고 생각할 것이다. 하지만 직장인의 삶, 그 자체는 그다지 깊은 생각 없이 원래 그런 것으로 받아들이는 사람이 대부분이다.

한 조직에 소속되어 정년까지 안정된 월급을 받으면서 사는 삶이 일반적이라고 생각하기 때문이다. 우리 모두는 이처럼 인간의 삶을 모두 '일반'이라는 잣대에 맞춰 생각하는 것을 의문이나 고민 없이 수용하고 있다.

그런데 직장인으로 사는 것이 정말 '일반적'인 일일까?

지금의 장년층이 태어난 시대에는 직장인이 노동자의 다수파를 차지했다. 그래서 직장인으로 사는 삶이 '일반적'이라고 생각했다.

하지만 회사에 고용되어 월급을 받는 식의 고용 형태는 옛날부터 모든 인류에게 보편적으로 존재했던 것이 아니다. 일본에 '샐러리맨'이라는 일본식 영어가 등장한 것은 다이쇼 시대(1912~1926년-옮긴이)다. 즉 '직장인'은 옛날부터 있었던 직업이 아니다.

그렇다면 계속해서 존재한다는 보장도 없다.

지금껏 일본 사회에 직장인 제도가 당연한 듯 지속되어 온 것은 다이쇼 시대 이후의 시대적 상황과 맞아떨어졌기 때문이다. 뒤에서 설명하겠지만 전후의 일본 경제는 유독 대량의 직장인을 필요로 했다.

시대의 변화에 따라 직장인에게 요구되는 사항이 바뀌면 직장인의 존재 의의도 사라질 수 있다.

에도 시대에는 무사 집안의 자식은 무사의 길을 가는 것이 '일반적'이었다. 그러나 시대가 바뀌면서 무사 제도는 사라졌다.

지금의 직장인 제도는 아슬아슬하게 존재 의의를 유지하고 있다. 하지만 이미 끝이 보이고 있다. '막부 말기의 무사' 같은 단계에 들어선 것이다.

회사에 '평생직장인'이
필요했던 시대

•

전후 일본에는 왜 그렇게 많은 직장인이 필요했을까?

일본이 패전의 허허벌판에서 기적적으로 재기하여 고도의 경제 성장을 이룰 수 있었던 것은 '소품종 대량생산' 덕분이었다. 물질적으로 궁핍한 시대였기 때문에 지금처럼 다양한 상품을 생산할 필요는 없었다. 이른바 '삼종신기三種神器, 냉장고, 세탁기, 텔레비전'와 '3C컬러텔레비전, 에어컨, 자가용'를 너도나도 집에 들이던 시대였다.

자가용으로 예를 들면, 일본인 대다수가 '언젠가는 크라운을 사고 싶다'는 가치관을 공유했다. 말하자면 동질성이 강한 사회였던 것이다. 기업에서 똑같은 물건을 대량으로 생산해도 만드는 족족 날개 돋친 듯 팔렸다.

그런 시대였기 때문에 기업에는 회사에 충성심을 갖고 정해진 월급에 만족하며 정년까지 열심히 일하는 인재, 즉 '평생직장인'이 필요했다.

같은 물건을 대량으로 생산하려면 많은 일손이 필요하다. 모두 정시에 출근하여 일제히 업무에 임한다. 몸이 조금 안 좋아도 결근하는 일은 없다. 그날의 업무를 마치지 못하면 묵묵히 야근을 자처한다. 이런 사원이 많아지면 경영자는 고마울 따름이다.

이처럼 **순종적인 사원을 만들기 위해 일본 기업 특유의 '사풍社風' 문화가 만들어졌다.**

일본은 동종 업계일지라도 회사마다 사풍이 다르다. 도요타와 닛산, 혼다는 모두 자동차 제조사지만 각자의 사풍이 있고 미쓰비시 상사, 미쓰이 물산, 이토추 상사도 업종만 같을 뿐 사풍은 제각각이다. 직원들은 경쟁사와 다른 자사의 사풍을 중시하고 거기에서 강한 정체성을 느낀다.

물론 외국의 기업도 저마다 독자적인 문화가 있다. 구글이나 애플의 기업 문화를 떠올려보면 쉽게 이해가 될 것이다. 하지만 일본 기업의 '사풍'과는 꽤 다르다.

나는 일본 기업의 사풍이 일종의 세뇌 내지는 집단 최면이라고 본다. 그 사풍에 물들면 강한 애사심과 동료 의식이 생겨서 회사에 얽매이더라도 큰 불만 없이 열심

히 일할 수 있다.

일본 기업이 대졸 신입사원 채용을 고집해 온 것도 '사풍'의 정신을 세뇌시키기에는 아직 세상 물정 모르는 순수한 사람이 더 편하기 때문이다.

직업 경험이 전무한 대졸 신입사원은 교육이 필요하다. 하지만 비용이 발생하더라도 사풍에 물들이기 쉬운 인재, 즉 회사를 위해 모든 것을 내던지는 '병사'를 키우려 했다.

소품종 대량생산은 한 명의 사원에게 다양한 기술을 익히게 할 필요가 없었다. 세분화된 일만 기억하며 자기 자리에서 묵묵히 같은 작업을 반복하면 똑같은 물건을 대량으로 생산할 수 있었다. 요컨대 매뉴얼화된 단순 작업을 반복하게 만드는 것이다.

하지만 인간은 같은 일만 반복하면 금세 싫증을 느낀다. 계속 똑같은 상태에 머물면 동기 부여가 되지 않아서 생산성이 떨어지기 십상이다. 그래서 3년차에는 부서를 이동시키는 직무순환job rotation이 이루어졌다.

그렇게 일본의 기업들은 무엇이든 넓고 얕게 해내는 직원을 순수 배양해 온 것이다.

대졸 신입사원 채용 따위로는
살아남을 수 없다

●

동료와 불평을 늘어놓으면서도 일본의 직장인은 회사 생활에 만족해 왔다. 사풍을 공유한 동료들과 라이벌 회사를 상대로 경쟁하는 것에 보람을 느꼈던 것이다. 사내 결혼을 하면 가족 단위의 교류까지도 가능했다.

게다가 회사 말을 잘 들으면 정년까지 평탄한 삶을 살 수 있었다. 정년 이후도 마찬가지다. 회사를 나갈 때는 수천만 엔에 달하는 퇴직금을 받고, 기업연금으로 안정적인 노후 준비도 할 수 있었다. 중간에 퇴사하는 사람이 바보 같아 보이는 것도 무리는 아니었다.

그런데 이러한 고용 형태가 '일반적'인 나라가 전 세계에 얼마나 될까? 일본만 그런 것은 아닐까?

적어도 서구권의 대기업에는 제대로 된 사원으로 키우는 데 몇 년씩 걸리는 대졸자를 대량으로 채용하는 경우는 없다.

구글이나 애플은 뛰어난 능력과 풍부한 경험을 보유한, 실전에 바로 투입 가능한 인재를 최우선으로 채용한다. 시시각각 변화하는 비즈니스의 최전방에서 싸워 이기려면 지식과 기술이 없는 신입을 한가하게 키우고 있을 여유가 없다.

그러한 기업에 취업을 원하는 사람들은 대학 졸업 후에 일단 경험을 쌓는다. 원하는 회사가 대졸 신입사원을 채용하지 않기 때문에 먼저 중견기업이나 벤처 회사처럼 적은 월급으로 자신을 고용해주는 곳에 들어간다. 머지않아 이직할 생각으로 자신의 경험과 역량을 키우기 위해 들어가는 것이다. 그곳에서 경험과 기술을 쌓고 MBA 등을 따면서 자신의 가치를 높인다. 그렇게 하지 않으면 원하는 인기 기업에 들어갈 수 없다.

이제는 일본 기업들도 그렇게 하지 않으면 살아남을 수 없는 세상이 되었다.

대량생산·대량소비의 시대는 이미 끝났다. 지금 필요한 것은 소품종 대량생산이 아니라 '다품종 소량생산'이다. **시시각각 변하는 다양한 가치관에 발맞춰 민첩하게 새로운 상품과 서비스를 제공해야 한다.**

이러한 상황에서 대졸 신입사원 채용을 비롯한 '평생직장인 제도'는 더 이상 기업에 아무런 이점도 안 되는 화석과도 같은 제도가 되었다.

글로벌 사회는 수 개월 단위로 비즈니스 모델이 바뀐다. 1,000명의 대졸 신입사원을 3년이라는 시간을 들여서 키우고 있다가는 순식간에 뒤처진다.

인건비란 연구개발비와 마찬가지로 '장차 예상되는 이익을 선취'하는 데 쓰는 돈이다. 대졸 신입사원 교육은 선행된 투자를 회수하는 데 오랜 시간이 걸린다. 그러한 가운데 이직 시장도 성숙해져서 일본에서도 경력자를 채용하려는 기업이 늘고 있는 추세다.

가령 야후 재팬은 대졸 신입사원 채용 제도를 폐지하고 경력자 수시 채용 방식으로 전환했다.

앞으로는 이런 일이 일본 사회 전반에서 '일반적'인 일이 될 것이다.

세계의 주류는
전문가에 의한 프로젝트 방식

●

이직을 하더라도 직장인은 직장인이며, 한 회사에 정년까지 붙어 있는 '평생직장인 제도'는 사라져도 회사에서 고정적으로 월급을 받으며 생활하는 '비즈니스 모델로서의 직장인' 자체는 남을 거라고 생각하는 사람도 있을 것이다.

하지만 이제는 그마저도 바뀌고 있다.

실제 비즈니스 현장에서 이미 그 징후가 나타나고 있다. **외국에서는 혁신적인 프로젝트를 추진할 때 내부인만 고집하지 않고 그 프로젝트에 정통한 전문가 집단을 찾아서 일을 맡긴다.**

대기업과 자본가는 자금과 인프라만 준비한다. 그것을 사용해서 일하는 사람은 자사의 직원만이 아니다. 프리랜서, 벤처 조직 등 그 프로젝트를 성공시킬 능력이 있는 외부인을 찾아서 전담 조직^{task force team}을 꾸린다.

예전에는 자동차 회사에서 신차를 개발할 때 외부인을 절대 들이지 않았다. 사원 중에서도 소수의 스페셜리스트만 모아서 정보가 새어나가지 않도록 철저히 보안을 유지하며 일을 진행했다. 당연히 디자이너나 엔지니어 같은 전문직은 모두 자사 직원이었다.

그러나 이런 방식은 너무 많은 시간을 잡아먹는다. 신차 기획에서 발표까지 무려 6년이나 걸리는 것이다. 다품종 소량생산 시대에는 적합하지 않은 방식이었다.

그래서 테슬라 같은 EV(전기 자동차) 벤처 회사는 기존과 다른 방식으로 개발을 진행한다. 사외 프리랜서가 프로젝트 팀을 구성하고 대기업에게 자금을 제공받아 신차를 만드는 것이다.

팀 구성원은 세계 각국에 흩어져 있기 때문에 사무실도 공유하지 않는다. 인터넷 클라우드상에 있는 시스템을 이용하면 어디에 있든 공동 작업을 할 수 있다. 시제품마저 온라인으로 연결된 3D프린터에서 원격 조종으로 제작할 수 있는 시대가 온 것이다.

장소 제약에서 해방된
'팝업 레스토랑'

●

이러한 변화는 이미 세계 곳곳에서 일어나고 있다.

가령 요식업계에서는 현재 팝업 레스토랑이 유행 중이다. 고정된 장소가 아니라 호텔이나 잠시 비어 있는 가게에서 일정 기간 동안만 영업하는 레스토랑이다.

세계적인 유명 셰프들을 리조트로 초청해 유명인을 상대로 실력을 겨루는 축제 성격의 팝업 레스토랑이 화제가 되기도 했다.

특히 영국인 셰프 제임스 샤먼이 이끄는 '원 스타 하우스 파티'가 주목을 끌었다. '여행하는 셰프 집단'이라 불리는 그들은 2년간 20개국을 돌며 팝업 레스토랑을 열었다.

네팔에서는 해발 5,300미터에 자리한 에베레스트 베이스캠프에 레스토랑을 차렸다. 15명의 고객과 8일 동안 숙식을 함께하기 위해 테이블과 의자, 장작, 요리

도구, 식자재 등을 짊어지고 산에 올랐다. 최고의 음식을 먹은 후 다시 함께 하산하는 장대한 기획이었다.

음식점은 세상에서 가장 오래된 산업 중 하나이지만 장소 유동성이 낮다는 피할 수 없는 운명이 있다. 입지 조건이 나빠져서 손님이 줄어도 가게를 움직이기가 쉽지 않았던 것이다.

하지만 더 이상 장소의 제약은 없다. 가게가 없는 요리사도 실력만 있으면 영업할 수 있는 곳을 찾아서 레스토랑을 열 수 있다.

이러한 형태의 영업이 가능해진 것은 IT의 발달로 정보 환경과 인간의 행동 패턴이 크게 달라졌기 때문이다.

인터넷을 통해 사람과 물건, 돈, 서비스 등이 연결된 덕분에 고정적인 조직이 없어도 서로의 니즈에 맞는 새로운 서비스를 제공할 수 있게 되었다.

팝업 레스토랑은 고정된 가게와 달리 모객과 오픈 준비에 비용이 들지 않아서 리스크도 적다. 이것이 주류가 되면 기존의 점포형 레스토랑은 머지않아 자취를 감출 가능성도 있다.

식당이 요리사를 고용하는 게 아니라 요리사가 식당(장소)을 선택하는 시대가 되는 것이다.

'정사원의 자리를
지킬 수 있다'는 생각은 위험

●

이 같은 '팝업형' 근로 형태는 다양한 업계에서 '일반적' 인 일이 될 것이다.

솜씨 좋은 셰프가 세계 여러 나라의 팝업 레스토랑을 돌아다니며 요리하듯, 뛰어난 능력을 갖춘 비즈니스맨은 특정 조직에 소속되지 않고 프로젝트마다 다른 기업으로 옮겨 다닌다. 앞에서 소개한 EV업계의 사외 프로젝트 팀도 팝업형 근로 형태의 선구자라 할 수 있다.

이러한 집단을 지원하는 비즈니스도 속속 등장하고 있다. 기업인을 위해 코워킹 공간(공동 작업실)을 제공하는 미국의 벤처기업 '위워크WeWork'도 그중 하나이다. 위워크는 소프트뱅크의 손정의가 40억 달러를 투자하여 화제가 되기도 했다. 이런 서비스를 통해 사무실 없이 일하는 그룹이나 회사가 급증하고 있다.

이러한 집단은 대기업의 신규 프로젝트를 수주하기도 하고, 반대로 새로운 기획을 제안하기도 한다. 말 그대로 비즈니스의 팝업화이다.

이것이 서로에게 큰 이점이 된다는 것을 알면 더 이상 매뉴얼화된 일을 하는 수많은 직장인은 불필요해질 것이다. 디자이너나 엔지니어 같은 전문직뿐 아니라 영업사원과 경리도 프로젝트가 있을 때마다 클라우드상에서 데려올 수 있기 때문이다.

그렇게 되면 **마침내 직장인이라는 비즈니스 모델이 무너질 것이다.** 나는 그렇게 예상한다.

이미 정년이 가까운 세대라면 몰라도 지금 20~30대 직장인이 앞으로도 계속 '정사원' 자리에 안주할 수 있을 거라고 생각한다면 심각하게 위기감이 결여된 것이다.

아니, 정년이 코앞인 직장인도 예외는 아니다.

바야흐로 인생 100세 시대다. 정년 후의 인생이 수십 년이나 남았다. 하물며 옛날처럼 퇴직금도 넉넉하지 않다. 현금은 부족하고 의료비는 오른다. 자식 세대들은 자기 밥그릇 챙기기에도 너무 벅차다. 돌봄이 필요한 상태가 되면 엄청난 지출 압박에 시달리게 될 것이다.

이를 대비하려면 정년 후에도 직접 돈을 버는 수밖

에 없다.

그러나 대졸 신입사원으로 입사해서 근 40년을 한 직장에서 보낸 직장인은 그 회사에서 월급을 받을 수 있는 기술에만 뛰어나다. 갑자기 다른 방식으로 일하라고 하면 막막해지는 것도 당연하다.

하지만 문제없다.

세계 무대에서 겨룰 수 있는 뛰어난 전문가가 아니더라도 회사에 의존하지 않고 살아갈 수 있는 길은 많다.

이 책에서 제안하는 **개인 M&A를 통해 '자본가'가 되는 것**도 그중 한 가지 방법이다.

이제는 돈보다
'좋아하는 일'을 중시하는
사람의 힘이 세진다

●

필자가 쓴 《직장인은 300만 엔으로 작은 회사를 사라》의 띠지에는 호리에 다카후미 씨의 '종신고용은 현대의 노예 제도다'라는 추천사가 적혀 있다. 요즘 직장인이 처한 현실을 단적으로 표현한 말이다.

호리에 씨가 주관하는 '호리에 다카후미 이노베이션 대학HIU'은 직장인 멸종시대를 슬기롭게 살아가기 위해 필요한 힌트를 준다.

HIU는 문부과학성에서 인정한 대학이 아니라서 캠퍼스가 없다. 페이스북 그룹을 중심으로 활동하는 회원제 온라인 살롱이며 회비는 한 달에 1만 8,000엔이다.

교육사업 그룹, 사업투자 그룹, 엔터테인먼트 그룹, 우주개발 그룹 등 30여 개의 분과회가 있으며 회원들은 거기서 자신이 하고 싶은 일을 찾아 실제로 구현해 나간다.

그곳에 다양한 기획안을 올리고 흥미를 느낀 회원끼리 의견을 교환하면서 내용을 업데이트하는 시스템이다. 호리에 씨는 그룹에서 올린 내용을 모두 검토한 후 관심이 가는 그룹과 커뮤니케이션하며 도움을 주고 있다.

비즈니스에 관한 기획만 하는 것은 아니다.

예를 들면 트라이애슬론 팀을 결성한 그룹도 있다. 그 팀에서는 수영을 거의 못했던 여성이 철인 3종 경기(수영 3.8㎞, 사이클 180㎞, 달리기 42.195㎞)를 완주했다. 취미로 트라이애슬론을 하는 나도 그 기록을 듣고 매우 놀랐다.

'뭐야, 그냥 취미 집단이잖아?' 이렇게만 보는 사람은 결정적인 본질을 놓치고 있는 것이다.

내가 생각하는 '자본가'란, '좋아하는 일을, 좋아하는 사람과, 원하는 대로 하는 사람'이다. 돈보다 '내가 좋아하는 일'을 위해 움직이는 것은 미래를 살아가는 데 큰 무기가 된다.

앞서 소개한 팝업 레스토랑 '원 스타 하우스 파티'는 굳이 에베레스트까지 올라가서 레스토랑을 열었다. 자신의 재미를 최우선으로 하지 않는다면 이런 일은 절대

할 수 없는 일이다.

HIU에 모인 사람들도 마찬가지다.

HIU의 활동을 보고 있으면 이것이 바로 직장인의 사고에서 벗어나 자본가 마인드셋을 체득하기 위한 최고의 모임이 아닐까 하는 생각이 든다.

회사를 떠나도 제공할 수 있는 지식과 기술이 있는가?

●

HIU의 회원들은 저마다 특기와 재능, 독자적인 아이디어가 있다. 누군가 자발적으로 "다음에는 이런 작업을 한번 해 보면 어떨까?"라고 제안하면 그 사람을 중심으로 하나의 조직이 만들어진다.

언젠가 HIU 회원이 나에게 스터디 모임을 열어 달라고 메일을 보낸 적이 있다. 내 책을 읽은 사람이 HIU의 사업투자 그룹의 타임라인에 '이 책 재미있는데 다 같이 공유할 수 없을까?'라고 글을 올렸더니 호리에 씨가 "그러면 미토 씨를 불러서 스터디를 열어보면 어때?"라고 제안했던 것이다.

그 후 그룹의 누군가가 장소와 회원 모집 방법에 대한 아이디어를 내면서 스터디 모임이 구체적으로 추진됐다. 머지않아 HIU에 '회사를 매수하자!'라는 주제로 분과회가 생길 수도 있다.

이처럼 HIU에서는 개인의 흥미에서 시작된 새로운 조직이 계속해서 만들어지고 있다.

HIU에서 아이디어를 내거나 기술을 발휘한다고 해서 돈을 받는 것은 아니다. 하지만 '돈 버는 시스템'이 만들어질 가능성은 매우 높다. 실제로 프로젝트별로 클라우드펀딩을 해서 회원끼리 프로젝트를 지원하고 있다.

또한 회원들이 그룹을 지어 소통하다 보면 세상이 원하는 것이나 나에게 부족한 것을 자연스럽게 배울 수 있다.

앞으로는 기획을 통해 사람을 끌어들이는 집단인 'HIU 마피아' 같은 사람들이 사회 전반에서 활약할 것이다. 이미 내가 개설한 온라인 살롱에서도 HIU 마피아들이 적극적으로 기획에 나서고 있다. 지금의 HIU는 다수의 기업가를 배출한 리크루트 초기의 조직과도 비슷하지 않은가 하는 생각이 든다.

만약 당신이 HIU 같은 커뮤니티에 참여한다면 어떤 아이디어를 제시할 수 있을까? 다른 멤버가 어떤 기획을 제안했을 때 자신의 지식이나 기술을 지원할 수 있을까?

이 질문에 '나는 특별한 아이디어가 없다', '하고 싶은 일도 없다', '내가 도울 수 있을 일은 없을 것 같다'라고 답한다면 문제가 큰 것이다.

지금 몸담고 있는 회사에서는 월급 받는 능력이 뛰어날지 몰라도 회사에서 나가는 순간 아무것도 못 하는 인간, 즉 인재로서의 가치가 없는 존재가 될 가능성이 높기 때문이다.

소속된 조직에서 나갔을 때 내가 무엇을 할 수 있을까, 어떤 가치를 낳을 수 있을까. 그 고민이 '직장인 멸종 사회'에서 살아남는 첫걸음이다.

'근로 형태 개혁'은
'고용 형태 개혁'의 눈속임

●

　최근 경기의 확장이 '이자나미 경기(いざなみ景気, 2002년 1월~2008년 2월까지 73개월 계속된 경기확장세-옮긴이)'에 맞먹을 정도로 길어질 가능성이 높다고 해서 화제가 되었다. 하지만 실질 임금은 아직 저조한 편이어서 경기 호황을 실감하는 직장인은 별로 없다. 기업도 들떠 있기는커녕 살아남기 위해 필사적인 모습이다.

　시대의 변화에 뒤처진 대기업이 수천억 엔의 적자를 낸 후 수만 명 규모의 정리 해고를 단행하는 일도 드물지 않은 것이 지금의 일본이다.

　적자와 상관없이 IT 기술이나 로봇의 발달로 작업 능률과 생산성이 오르면 불필요한 인력이 생길 수밖에 없다.

　50명의 직원이 한 달 동안 했던 업무가 자동화에 성

공하기도 한다. 이제는 그 시스템을 관리할 엔지니어 한 명만 있으면 충분하다.

따라서 경영자는 내심 직원을 줄이고 싶어 할 것이다. 하지만 사람을 쉽게 줄일 수는 없다. 일본은 다른 나라에 비해 직원을 철저히 보호하는 제도가 있다. 웬만해서는 해고하기가 어렵다. 대량의 직원을 회사에 붙잡아 두려고 만든 제도가 이제는 경영자들의 발목을 잡고 있는 셈이다.

그렇다고 기업의 인건비 부담이 늘어나면 경제의 활력이 서지 않는다.

여기서 등장한 것이 '근로 형태의 개혁'이다.

'야근을 없애자!'

'워크 라이프 밸런스를 유지하며 내 시간을 소중하게!'

'원격 업무로 자유롭게 일하자!'

여기저기서 이러한 아우성이 들려오지만 사실 노동자 측에서 내는 소리가 아니다.

'근로 형태의 개혁'을 주도하는 것은 정부와 기업이다. 사실상 '근로 형태의 개혁'은 기업의 고용을 유리하게 하는 '고용 형태의 개혁'으로 보아야 마땅하다.

예컨대 개혁 방안으로 도입된 '부업 허용'도 그중 하나이다.

후생노동성의 '취업규칙 모델'에서 부업 금지 규정이 삭제되면서 근무시간 외에도 타사의 업무에 종사할 수 있게 됐다. 그동안 금지됐던 부업을 할 수 있게 되었으니 사원에게는 자유가 주어진 것처럼 보일 수도 있다.

하지만 이것은 사원보다 기업에 유리한 이야기이다.

그동안 일본 기업들은 '회사 일에만 집중하라. 대신 직원과 그 가족의 삶은 끝까지 돌볼 것이다'라는 식으로 직원들을 속박해 왔다. 하지만 **더 이상 넉넉한 퇴직금과 기업연금을 부담하기 어려워지자 방향을 180도 전환하여 '직원의 생활을 전부 책임질 수 없으니 부족분은 스스로 알아서 벌어라'라고 말하고 있는 것이다.**

월 5만 엔짜리
부업을 찾아본다

●

하지만 기업의 이러한 태도를 '너무하다', '받아들 수 없다'며 책망해도 달라지는 것은 없다.

오히려 일본 직장인들의 처우가 너무 좋았던 것이 탈이다. 국가나 기업이 이만큼 회사원을 지켜주는 나라는 전 세계 어디에도 없었다. 비로소 다른 나라들과 같아졌을 뿐이다.

이 흐름은 이제 멈추지 않는다. 그렇다면 사회의 변화에 맞춰 스스로 근로 형태를 개혁할 수밖에 없다.

이러한 현실을 '가망이 없다'며 부정적으로 받아들이지 말자. 오히려 직장인의 생활방식에서 벗어날 수 있는 절호의 기회가 될 수 있다.

소속된 회사에서 부업 금지가 풀리면 무슨 일이든 시작해 보자. 부업은 쉽게 찾을 수 있다. 본업과 무관한 일이라면 새로운 지식과 기술을 익혀야겠지만 그렇게 하지 않고도 얼마든지 할 수 있는 일이 있다.

예를 들어 회사에서 영업을 담당하는 사람은 신뢰로 다져진 고객이 10~20개 회사 정도는 있을 것이다. 거기에 자사 상품만 팔기는 아깝다. 영업하러 가는 김에 다른 회사의 상품도 팔면 얼마나 좋겠는가. 경쟁사의 상품이라면 문제가 되겠지만 부업이 허락된 회사의 상품이라면 아무도 문제 삼지 않을 것이다.

복사기 판매와 유지 보수가 본업인 사람은 단골 거래처에서 사무기기를 관리하는 책임자와 이야기할 기회도 많을 것이다. 그럴 때 자사 상품을 설명한 후 "사실 제가 요즘 정수기도 판매 중인데요"라는 식으로 자연스럽게 부업으로 판매 중인 상품도 소개할 수 있다.

또는 본업의 경력을 살려 다른 회사의 '고문'이나 '컨설턴트'가 되는 길도 있다. 일본에서는 사장에서 은퇴한 사람이 다시 들어가는 자리라는 이미지가 강하지만 최근에는 대기업에 근무하면서 중소기업이나 벤처 회사의 사외이사 혹은 고문을 맡는 사람이 많다.

더구나 매일 출근하지 않기 때문에 부업으로는 최고다. 이사회 같은 회의에는 월 1~2회 정도 참석하면 된다. 전화나 이메일로 경영자와 의논하고, 아이디어를 내고, 사외 인맥을 동원해 사람을 대야 하는 일이 생기지만 큰 부담은 없다.

그렇게 해서 연간 수십만 엔의 보수를 얻을 수 있으니 밑져야 본전으로 시도해 볼 가치는 있을 것이다. 시험 삼아 거래처 부장에게 "한 달에 두 번씩 귀사의 문제에 대해 솔루션을 제안하면 어떨까요? 고문료는 5만 엔으로 하고요"라고 반농담조로 운을 띄워보자. 거래처가 대기업과의 네트워크를 추구하고 있다면 의외로 "월 5만 엔 정도면 해 보지 뭐" 하고 이야기가 성사될지도 모른다.

'본업이 너무 바빠서 힘들다'는 생각은 돈을 버는 데 '자기의 시간'을 할애해야 한다는 시급적인 발상에 사로잡혀 있기 때문에 드는 생각이다.

적은 시간을 투자하여 수입을 얻을 수 있는 부업은 무엇일까? 이런 사고방식으로 부업에 도전하는 것은 '돈 낳는 시스템'을 만드는 '자본가'를 목표로 할 경우 매우 효과적인 훈련이 될 것이다.

나는 '잘 파는 능력'이 없어도 된다

●

처음부터 보수를 요구하기가 부담스럽다면 고야마 군도(小山薫堂, 다수의 히트작을 배출한 방송작가로 현재는 소설가, 기업 고문, 브랜드 어드바이저 등으로 활동 중이다. '내 멋대로 참견하기'는 《무심코 좋은 생각》에서 언급한 트레이닝의 하나이다-옮긴이)가 말한 '내 멋대로 참견하기'를 시도해보자. 필자도 친구나 지인의 사업 이야기를 듣다가 "나 같으면 이렇게 하겠어", "그 일에는 이 회사가 도움이 될 것 같으니 소개해줄게"라고 부탁하지도 않았는데 마음대로 컨설팅하기도 한다.

다양한 비즈니스를 성공으로 이끄는 게 좋아서 하는 일이기 때문에 그것으로 보수를 받을 생각은 전혀 없다. 하지만 그렇게 하다 보면 상대방이 "같이 일해보지 않겠어요?"라고 동업을 제안하는 경우도 생긴다.

이처럼 지식과 경력을 발휘할 수 있는 일을 생각하다 보면 영업직이 아닌 공장의 생산 관리자나 경리라도 얼마든지 돈을 벌 수 있는 기회를 만들 수 있다. 실제로 내 친구는 부업으로 우리 회사의 사무 작업을 하면서 월 10만 엔을 벌었다. 매달 10만 엔을 지불하는 회사를 세 곳만 뚫어도 연봉이 360만 엔이나 많아진다.

우선 자신이 보유한 능력 중에 무엇을 누구에게 팔 수 있을지 생각해 보자. '나'라는 인재의 가치를 '상품화' 하는 것이다.

내가 가진 능력이 아니어도 상관없다. 지인의 능력을 상품으로 만들 수도 있기 때문이다. 가치 있는 인재를 구하는 사람에게 연결해주면서 소개료를 받을 수도 있다. 이처럼 인맥을 살리는 것도 훌륭한 부업이 될 수 있다.

상품화할 수 있는 것을 찾았다면 그 다음에 할 일은 마케팅이다. 거래처나 지인의 회사를 돌면서 자신을 얼마에 고용할 수 있는지 물어본다. 매년 구단과 연봉 협상을 하는 프로야구 선수들과 달리 직장인은 그런 일에 익숙하지 않다. 오히려 그렇기 때문에 **스스로에게 '값을 매기는' 훈련은 직장인의 허물을 벗는 계기가 될 수 있다.**

어쩌면 '당신에게는 돈을 지불할 수 없다'고 퇴짜 맞

는 일도 생길 것이다. 하지만 거절당해도 본전치기다. 포기하지 않고 계속해서 하다 보면 일주일에 한 번이든, 한 달에 한 번이든 회사를 돕는 대가로 5만 엔, 10만 엔을 주는 곳이 나타날지도 모른다.

참고로 자기의 가격, 즉 보수의 액수는 제삼자에게 기준을 알려주면 더욱 수월하게 정할 수 있다. 본업이 컨설팅인 나도 직접 보수를 매기는 것은 어렵다. 그래서 모든 컨설팅펌은 보수 기준표를 만들어서 클라이언트에게 제시한다. 개인적인 부업을 위해 보수 기준표를 만드는 것은 어렵기 때문에 공통 지인 등을 통해 '○○ 씨는 얼마 정도의 가치가 있다'는 객관적인 의견을 말하게 하는 것이다. 그렇게만 해도 일이 훨씬 수월해진다. 그런 회사를 몇 군데 발견했다면 나에게 인재로서의 시장 가치가 있다고 생각해도 된다.

이러한 과정을 거쳐 몇몇 회사에서 보수를 받게 되고 그 보수가 사람을 채용할 수 있는 수준을 넘어선 시점이 바로 직원을 고용해야 할 타이밍이다. **품질을 관리하면서 그 사람에게 업무를 아웃소싱하고 '자기의 시간'에서 '타인의 시간'으로 자원을 바꿔나간다. 바로 이것이 자본가 마인드셋이다.**

"정말 하고 싶은 일을 발견하면
돈은 저절로 따라온다."

제4장

자본가의 길
: 나의 이야기

초등학교 4학년 때
처음 경험한 '장사'

지금까지 자본가와 직장인은 '돈 버는 방법'이 어떻게 다르며 직장인이 왜 '멸종위기종'이 되었는지에 대해 설명했다.

그렇다면 어떻게 해야 자본가가 될 수 있을까?

여기에 필요한 노하우와 마인드셋을 설명하기 전에 먼저 개인적인 이야기를 잠시 하고자 한다.

결코 본보기가 될 만한 훌륭한 과거가 아니기에 나처럼 행동하라는 뜻에서 하는 이야기는 아니다. 다만 특출한 능력 하나 없는 나 같은 사람이 왜 '자본가'가 되기로 결심했으며 어떤 방법을 실행해서 지금의 자리에 이르렀는지, 그 과정에서 참고할 만한 힌트가 적지 않을 것 같다는 생각이 들었다. 아무쪼록 참고가 되었으면 한다.

'애가 그런 일을 했다고?'라며 의심할지 모르지만 내

가 처음 돈을 번 것은 초등학교 4학년 때였다.

어린 시절, 누구나 부모님의 심부름이나 집안일을 거들면서 용돈을 받아본 적이 있을 것이다. 하지만 그것은 노동의 대가이지 장사가 아니다. 나는 엄연히 장사를 했다. 물건을 팔아서 돈으로 만들었다. 판매한 물건은 알루미늄캔이었다.

알루미늄캔을 팔게 된 것은 제철 회사에 다니던 아버지의 영향 때문이었다. 어느 날 부모님과 이야기를 나누다가 알루미늄이 비싸다는 이야기를 듣게 되었다. 초등학생인 나는 이해가 되지 않았다. 1엔짜리 동전을 만드는 데 쓰이는 그 알루미늄이 왜 비싸게 팔리는지 의문이 들었다.

어쩌면 그 무렵부터 내 손으로 돈을 벌고 싶다는 생각을 했었기 때문에 그런 의문이 생긴 듯하다.

부모님께는 필요할 때만 약간의 용돈을 받았다. 하지만 그렇게 하면 부모님 뜻대로 움직여야 한다. **자유롭게 살려면 내 손으로 벌어야 한다, 부모님에게는 최대한 덜 의존해야 한다**, 아이 때부터 막연히 그런 생각을 했다.

아무튼 알루미늄이 그렇게 잘 팔리는 물건이라니 나도 한번 팔아보기로 했다. 거리에 나가서 버려진 맥주와

콜라 캔을 종이상자로 2박스나 주워 모았다.

그것을 폐품 회수업자에게 들고 갔더니 웬걸, 정말 팔리는 게 아닌가!

가격은 지금도 또렷이 기억한다. 모두 210엔이었다. 안에 섞여 있던 포카리스웨트 캔은 스테인리스라 제외됐다. 어렸지만 알루미늄이 비싸다는 것을 나름대로 검증할 수 있었다.

아직 재활용이라는 말도 생소하던 시절이었다. 공짜로 구한 '쓰레기'가 현금이 됐으니 초등학생으로서는 상당한 충격이었다.

구글은 독창적 아이디어로 성공하지 않았다

●

그 성공 체험을 통해 '해 보지 않으면 모른다'는 것을 어려서부터 배울 수 있었다. **의문이 생기면 먼저 행동으로 확인해본다** – 지금의 내 성격을 형성한 요소 중 하나인 이것은 초등학교 시절의 장사 경험에서 비롯되었다.

'잘 팔릴지도 모른다'는 아이디어가 있는 것과 실제 비즈니스로 추진하는 것에는 큰 차이가 있다 – 여러 벤처 기업을 보면서 뼈저리게 느낀 사실이다.

가령 인터넷 검색엔진의 경우, 야후가 웹디렉토리(사전으로 정보를 찾는 방식)형 엔진을 운영하던 시절에 구글이 등장하면서 로봇형 검색엔진으로 시장을 석권했다.

당시 그런 아이디어를 갖고 있던 회사는 많았다. 결코 구글만의 독창적인 아이디어가 아니었다. 그 아이디어를 일찌감치 실행에 옮겼기 때문에 구글이 이긴 것이다.

우버나 에어비앤비 같은 비즈니스를 떠올린 사람도 많았다. 실제로 15년 전 어떤 기업가가 우버와 똑같은 비즈니스 모델을 프레젠테이션했던 일도 있다.

그러나 **아이디어를 실행하고 성공할 때까지 포기하지 않는 사람은 적다.** 아마 알면서도 실행하지 않는 사람이 99%일 것이다. '해 보지 않으면 모른다'는 생각으로 행동에 옮기는 사람은 1%에 불과하다. 그 1%도 마음처럼 안 되면 대부분 바로 철수한다. 1%의 1%만이 시행착오를 겪으면서도 계속 시도한다.

그리고 **마침내 이기는 것은 끝까지 포기하지 않은** 0.01%다.

회계사 시험에 떨어져
벤처캐피털의 세계로

다시 내 이야기로 돌아가자.

대학 상학부를 졸업한 후 2년 정도 공인 회계사를 준비했다. 마침 대졸 신입사원 취업 시장이 심각한 빙하기에 접어들어 자격증을 따려는 학생이 많던 시절이다.

나는 원래부터 직장인의 인생을 사는 것은 재미가 없을 것 같다는 생각을 자주 했다. 그렇다고 구체적으로 하고 싶은 일이 있었던 것도 아니다(솔직히 지금도 그렇다).

그래서 대학 졸업을 코앞에 두고도 취업 준비를 하지 않았다. 주변 친구들이 "나는 은행", "나는 제조업 계열은 닥치는 대로 도전해 볼거야"라며 동분서주하는 것을 보고도 전혀 감이 오지 않았다.

'대기업은 부서가 자주 바뀌니까 합격해도 내가 하고 싶은 일은 못 하겠지? 그런데도 무조건 시험을 쳐야 하

는 걸까? 뭘 하고 싶은지도 모르는데 어느 업종이 좋은지 어떻게 알지? 지망 동기를 뭐라고 쓴담.'

필사적으로 구직 활동을 하는 친구들을 멀찍이 바라보며 이렇게 생각했다.

하지만 무슨 일이든 해야 했다. 회사 경영에 관심이 있을 때는 공인 회계사를 목표로 했다. 먼저 회계사가 되어 안정된 수입을 확보한 다음 느긋하게 하고 싶은 일을 찾을 생각이었다.

그러나 결과적으로 회계사 자격증은 단념하게 되었다. 비즈니스에 대한 이해도 없이 회계를 공부했더니 머리에 잘 안 들어왔고 무조건 부기의 대차를 맞추는 것은 내 성격에 맞지 않았다(사실 그때의 고생 덕분에 《직장인은 300만 엔으로 작은 회사를 사라-회계편》을 낼 수 있었다). 그래서 어디든 취직할 수밖에 없었다. 그래서 입사한 곳이 벤처캐피털 회사인 소프트뱅크 인베스트먼트였다.

취업을 알아보기 전까지는 벤처캐피털이라는 업종이 있는 줄도 몰랐다. 하지만 '와, 이런 직업도 있구나' 하고 깨달은 순간 굉장히 나와 잘 맞을 것 같다는 느낌이 들었다.

그 전까지는 '앞으로 회사를 경영하려면 컨설팅 회

사에서 공부하는 게 좋겠다'라고만 생각했었다. 다양한 업종과 업태를 폭 넓게 살펴볼 수 있고 경영자와 비슷한 포지션에서 경영 전반에 대해 배울 수 있을 거라고 생각했기 때문이다.

하지만 컨설턴트는 직접 리스크를 부담하며 경영에 관여하지 않는다. 상대방의 사업이 성공하든 실패하든 고정된 보수를 받는 '시급' 개념의 직업이다.

반면 벤처캐피털은 투자의 형태로 직접 리스크를 부담한다. 100% 성공 보수로 돈을 버는 직업이기 때문에 컨설팅과는 긴장감 면에서 수백 배의 차이가 있다. 컨설팅 자체의 이점도 있지만 실제 경제와 가까운 곳에서 살아 있는 경험을 쌓을 수 있을 것 같았다.

일단 월급을 받으면서 지식과 경험, 기술을 쌓을 목적이었고 거기서 계속 직장인 생활을 할 생각은 전혀 없었다. 취업하자마자 '5년 후 그만두겠다'고 선언했을 정도다.

'0~1'의 재능은 없지만
'1~10'이 있으면 할 수 있다

●

이 회사에서 벤처기업에 대한 투자 여부를 판단하는 심사부에 배치되어 매일 다양한 사업을 접했다. IT 회사나 신약 개발 관련 회사의 경영자를 1,000명 이상 만나서 이야기를 들으며 많은 지식과 경험을 쌓았다.

소프트뱅크 인베스트먼트에는 2005년부터 5년간 근무했는데 이 시기에 '주식 보유의 중요성'을 깊이 깨달았다. 몇몇 기업인들이 주식 시장에 자사의 주식을 상장하여 대부호가 되는 모습을 곁에서 지켜보았다.

기업가뿐만이 아니다. 당시 야후 재팬에서 일하던 젊은 사무직 여성이 회사가 상장되기 전에 받은 스톡옵션 1주로 1억 엔의 이익을 올렸다는 이야기도 들렸다. 주식의 위력을 실감한 뉴스였다.

'덧셈' 방식으로 돈을 버는 직장인은 실적을 올려서

성공 보수를 받더라도 그런 식으로는 절대 돈을 벌 수 없다.

그러나 회사를 나와서 직접 벤처 회사를 차릴 생각은 없었다. 나에게는 기업가로 승부할 만한 뛰어난 창조력이 없다는 것을 알고 있었기 때문이다.

기업가에게는 '0~1', 즉 '0'에서 '1'을 만들어내는 창조적인 발상력이 요구된다. 여기에 걸맞은 재능이 필요하기 때문에 아무나 도전할 수 없다.

혁신을 위해서는 오랜 시간 부단히 노력하는 준비도 필요하다. 게다가 모든 분야에서 치열한 주전 경쟁이 펼쳐지고 있어서 스피드도 요구된다. 조금만 늦어도 '패'하는 경우가 많기 때문에 굉장히 리스크가 크다.

그러나 '0~1'의 재능이 없는 나도 '0'에서 비롯된 '1'을 크게 만드는 재주는 있다고 생각했다.

새로운 상품과 서비스를 만들어내는 능력과 그것이 잘 팔리도록 시스템을 만드는 능력은 별개다. '1'은 가만히 두면 1에 머물지만, 어떻게 다루느냐에 따라 5도 되고 10도 될 수 있다. '0~1'의 능력은 없어도 '1~10'에 해당하는 일은 잘할 수 있을 것 같았다.

즉 그때는 회사를 경영하더라도 'CEO'가 아닌 'COO'

의 역할을 해야겠다고 생각했다. 책임자로서 꼭대기에 서는 것이 아니라 최고 경영 집행 책임자로서 회사를 뒷받침하는 이미지를 꿈꿨다.

'사내 정치'는
직장인의 숙명

●

벤처캐피털 회사 시절, 주식 보유의 중요성을 깨달은 한편 직장인의 속성에 대해서도 자세히 알게 됐다.

회사의 사업 형태는 리스크를 부담하는 성공 보수형이었지만 직원은 완전한 직장인이었다. 당연히 조직 안에서 살아남기 위해 '상승 지향적으로 일하는 사람'도 많았다.

예를 들어 어느 안건의 진행 방법에 대해 내가 A라는 플랜을 추천하면 다른 사원이 B라는 대안을 추천한다. 생각은 다양할 수 있어서 다른 의견이 나오는 것은 당연하다. 충분한 논의를 통해서 조직 차원에서 의사 결정이 되었다면 납득할 수 있다. 그런데 결정권자가 'A로 가자'라는 의사를 표명한 순간, 그때까지 B를 주장하던 사람이 "역시 A가 적절하겠네요"라며 입장을 바꾸는 일이 흔

했다. 그런 식으로 윗사람에게 아첨하고 자신의 생각을 아무렇지 않게 굽히는 사람이 회사 내에서는 좋은 평가를 얻으며 승승장구했다.

조직이란 사람 수가 많든 적든 어디나 그렇다. 너도 나도 위를 지향하며 '자신'을 죽이고 겉으로는 아닌 척한다. 윗사람은 자신에게 아첨하는 사람의 무능을 간파하지 못한다. 애초에 5년만 다니고 그만둘 생각이었지만 '진행 중인 사업이 아무리 재미있어도 직장인들의 사내 정치가 존재하는 한 여기서 계속 일할 수는 없겠다'라는 생각이 강하게 들었다. 그래서 회사를 그만둔 후 이직에 대한 생각을 완전히 접게 되었다.

회계사 공부로 2년을 날려먹고 나서 '공짜로라도 일하겠다'는 마음가짐으로 들어간 회사라 월급이 적었다. 그 업계에서 계속 일했다면 월급이 좀 더 많은 회사로 이직할 수도 있었을 것이다. 실제로 이직 제안을 받은 적도 있었다.

하지만 아무리 월급이 올라도 직장인에게는 한계가 있다는 것을 깨달았다. 연봉 500만 엔이 1,000만 엔으로 뛴다한들 주식의 위력에 대해 알고 나니 마음이 동하지 않았다.

자기부담금 없이
효고 현 의회의원에 당선

●

하지만 내가 하고 싶은 비즈니스는 여전히 오리무중이었다. 그래서 벤처캐피털 회사의 경력을 다음 커리어로 연결할 것이 아니라 일단 전부 리셋하기로 했다. 전 직장의 경력을 살리려면 결국 직장인으로 살 수밖에 없었기 때문이다.

그래서 택한 길이 '정치'였다. 상당히 엉뚱하게 들리겠지만 이왕 직장인 생활을 리셋하고 제로베이스에서 승부할 거라면 전혀 다른 세계에서 시작하는 것도 좋을 것 같았다. 게다가 오래 전부터 마흔쯤엔 정치가에 도전해보고 싶은 생각이 있었다. 일본 사회에 기여하고 싶다는 단순한 동기였다. 그 예정이 10년 앞당겨졌을 뿐이었다. 나처럼 정치가의 꿈이 있던 회사원 시절의 동료가 "마흔에 처음 정치계에 나가는 건 너무 늦어요"라고 말한 것도 하나의 계기가 되었다.

민주당(당시)에 공인제도가 있다는 것을 그 동료에게 들은 순간, 고향인 효고 현 의회의원 선거를 목표로 삼고 바로 다음 날 서류를 준비해서 신칸센으로 민주당 효고 현 사무국에 달려가 제출했다. 그 무렵의 민주당은 지방 의원 후보자를 구하는 데 어려움을 겪고 있던 터라 공인 후보가 될 수 있었다. 그렇게 다카사고 시 선거구에서 출마하여 9,220표로 당선됐다. 공천 후보가 되면 당에서 선거자금을 받을 수 있었다. 그 외에 자기부담금이 200 만 엔 정도 필요했지만 돈을 대겠다는 사람이 나타나서 내 돈 한 푼 들이지 않고 도전할 수 있었다.

많은 사람이 '돈이 없다'는 이유로 꿈을 접는다. 하지 만 정말 하고 싶은 일을 발견하면 돈은 저절로 따라온 다. 반드시 그 일을 하고 싶다는 열정이 부끄러움을 무릅 쓰고 돈을 확보하려는 마인드셋을 발동시켜 사람의 마 음을 움직이기 때문이다.

내 선거자금을 대주신 분은 은사이기도 한 경영자였 다. 그분에게 컨설팅 비용을 선불로 받았다. 이후 정식으 로 컨설팅을 해 드렸고, 덕분에 그분도 돈을 벌게 되었으 니 은혜는 제대로 갚은 셈이다.

가코가와 시장 선거에
출마하여 대참패

●

효고 현 의회의원의 의정 활동 일수는 연간 80일 정도다. 의회는 1년에 네 번 열리며 각각 15일 정도 출근하고 겹치지 않는 달에 평균 한 번꼴로 상임 위원회가 열린다. 의원 연봉은 1,500만 엔이다.

부업은 얼마든지 할 수 있다. 지방의원들은 대부분 지역 유지들이라 본업이 따로 있고 의원을 부업처럼 하고 있다. 그런 점에서도 직장인과는 전혀 다르다.

정치가로서 하고 싶었던 일은 행정 개혁이었다.

삭감된 예산을 효율적으로 사용해서 최고의 결과물을 낸다는 점에서 CEO보다 COO적인 일을 지향하는, 비즈니스맨 시절의 발상과 일맥상통했다.

하지만 현 의회의원이 할 수 있는 일은 사실상 거의 없었다.

도도부현 의회는 흔히 '중이층(中二階, 1층과 2층 사이에 있는 방-옮긴이)'이라 불린다. 말 그대로 어중간한 존재다. 국가적 차원의 방침은 국회에서 논의되고 국민들과 밀접한 문제는 시구정촌(市区町村, 기초자치단체의 총칭-옮긴이) 의회에서 다룬다. 도도부현 수준에서 크게 바꿀 수 있는 일은 거의 없다.

하는 일은 대부분 형식적인 행사 같은 일뿐이다. 아마 현 의회의원이 다 없어지더라도 일본은 별 탈 없이 돌아갈 것이다.

물론 현 의회의원도 방법에 따라 많은 일을 할 수 있다. 하지만 내 성격에는 맞지 않았다.

당의 공천을 받으면 당의 일원으로서 정치 활동도 해야 한다. 그리고 연속으로 당선되려면 튼튼한 지원 조직을 확보해야 한다. 즉 당선된 의원은 '조직원'이 된다.

조직을 이루는 순간 그곳은 '촌탁(村度, 윗사람 또는 권력자의 의중을 헤아림-옮긴이)'의 세계가 된다. 다음 선거에 낙선하지 않으려면 조직에서 까마귀가 하얗다고 해도 부정해서는 안 된다. 그 때문에 언행일치가 안 되는 의원이 수두룩하다. 좋든 싫든 청탁을 받아들여야 하는 것이 정치의 세계다.

나는 하고 싶은 일을 하고, 말하고 싶을 것을 말해서 통하지 않는다면 언제든지 그만둘 생각이었다. 직접 행정을 개혁하려면 수장이 될 수밖에 없었다. 현 의회의원 경험은 그 공부의 일환이었다.

그래서 의원 2년차에는 거침없이 행동했고 결국 민주당에서 잘리고 말았다. 고베 시장 선거에서 민주당 상대 후보를 응원했으니 잘리는 것도 당연했다. 이때 민주당의 최대 지원 조직인 노동조합 출신의 중진이 "그렇게 행동하면 다음 선거는 어려워질 거야"라며 맞서지 말 것을 당부했다. 그는 내 앞날을 걱정해서 한 말일 것이다. 어쨌든 조직은 이런 식으로 움직인다.

하고 싶은 일을 못 할 바에야 정치가로 사는 의미가 없었다. 내가 직장인 마인드셋으로 생각했다면 대우가 좋은 현 의회의원직을 계속 유지했을 것이다. 하지만 자본가 마인드셋을 갖추고 있는 이상 그런 인생은 받아들일 수 없었다. 결국 4년 임기를 채우기도 전에 현 의회의원직을 그만두고 고향 가코가와 시의 시장 선거에 출마했다.

처음에는 효고 현 지사나 고베 시장 출마가 어려워지면 고향 가코가와 시장을 노릴 생각이었다. 그러나 자치단체의 규모가 크면 그만큼 '청탁'의 '탁' 부분도 커진다. 하고 싶은 정책을 직접 추진하려면 상황 변화에 민첩하게 대처할 수 있는 작은 집단이 낫다.

그러한 생각으로 시장 선거에 임했지만 결과는 대참패였다. 트집처럼 들릴지도 모르지만 당선자는 과장된 인사치레로 이도저도 아닌 정책만 내세우는 인물이었다.

요컨대 정치는 수 싸움이다. 다수의 지지를 얻지 못하면 선거에서 이길 수 없다. 주장이 약하고 적을 만들지 않는 유형의 정치가만이 민주주의 사회에서 살아남는 것이다.

그런 식으로 살면 직장인과 다를 바가 없다. 사내 정치에 능한 사람이 출세하는 것이 직장인의 세계 아니던가. 사내 정치가 싫어서 직장인을 그만두었는데 본진이나 다름없는 정치계로 뛰어들었다니, 스스로도 실소가 터졌다.

그래도 실제로 해 보지 않으면 아무것도 알 수 없으니 귀중한 경험을 한 것만으로도 만족하고 있다.

런던에 고베규
판매 회사를 세우다

●

시장 선거에서 떨어진 한 달 동안 다음에 할 일을 느긋하게 생각하며 지냈다. 지난 삶을 되돌아보면서 깨달은 점은 '역시 무슨 일이든 어중간하게 하면 안 된다'는 것이었다.

특히 공인 회계사 시험 준비는 회계사가 하는 일에 대해 잘 모르고 딱히 하고 싶지도 않았으면서 안정적인 수입에 욕심이 나서 했던 일이었다. 시험에 떨어진 가장 큰 이유는 그 때문일 것이다.

벤처캐피털 회사의 경우, 일 자체는 상당히 재미있었다. 하지만 업무의 절반은 '사내 정치' 아니면 '사내 정치를 위한 일'이었기 때문에 그만둘 시점을 정해둘 수밖에 없었다.

현 의회의원도 수장이 되기 위한 과정에서 한 것이

기 때문에 만족스러운 결과를 내지 못했다.

자신의 능력을 최대한 발휘하려면 진심으로 재미를 느낄 수 있어야 한다.

그런 생각으로 어영부영하던 중 여기저기에서 사업 제안이 들어왔다. 그 중에 '재밌을 것 같다'는 생각이 든 일은 런던에 고베규神戸牛 판매 회사를 세우는 프로젝트 였다.

직장에 다닐 때 2년 정도 싱가포르에서 근무한 적이 있어서 외국에서 일하는 것이 처음은 아니었다. 이미 성숙기에 접어든 유럽 시장에서 하는 일이라서 관심이 생겼다. 상승세로 쑥쑥 성장 중인 아시아와는 다른 면이 많을 것 같았다.

그렇게 런던으로 건너가서 회사를 만들고 일본에서 수입한 고베규의 판로를 뚫었다. 역시 직접 시장에 뛰어들어보니 미성숙한 아시아 시장과는 여러 모로 달랐다.

아시아는 법규가 정비되어 있지 않아서 제멋대로 할 수 있는 여지가 있었지만, 유럽은 조금만 법규를 벗어나면 아무것도 할 수 없었다. 역사가 오래된 만큼 곳곳에 오랜 이권이 도사리고 있어서 그 일을 처리하기도 벅찼다.

식품점 하나를 여는 데도 처음 시작하는 사람에게는

고액의 영업권이라는 큰 벽이 있었다. 가게의 외관도 엄격하게 규제했다. 간판의 형태가 법규에서 조금 벗어났다는 이유로 인가를 해주지 않아서 1년이나 식당을 못 열고 집세만 낸 지인도 있었다.

그런 고생을 맛보면서도 사업이 순조롭게 궤도에 올라 1년 반만에 연간 매출 2억 엔을 기록했다. 원래는 사업 초반에 컨설팅만 해주는 것이 내가 할 일이었기 때문에 일단 내 역할은 다 한 셈이었다. 빠져들 정도로 재미있었으면 그 일을 계속했겠지만 장사가 잘되기 시작하자 왠지 처음에 가졌던 마음이 한풀 꺾였다. 그래서 회사를 현지 직원들에게 인계하고 일본으로 돌아왔다.

그리고 시작한 것이 지금의 투자펀드 회사다.

자본금 없이
자본가 포지션을 손에 넣다

●

투자펀드를 시작한 계기는 주로 중소기업 주식을 사던 투자자들의 이야기를 들으면서부터다. 앞으로 일본은 폐업하는 중소기업이 많아져서 매수할 수 있는 회사가 많아질 거라는 이야기였다.

그 말을 듣고 직접 다방면으로 조사해보니 '대폐업 시대'가 확실히 오고 있음이 분명했다. 앞으로 그 세계에 뛰어들면 '자본가'로 성공할 승산이 보였다.

만약 내가 풍부한 자금을 보유한 자산가였다면 직접 회사를 샀을 것이다. 하지만 유감스럽게도 자본금은 제로였다. 그래서 그 투자가에게 "저는 벤처캐피털 회사에 근무한 적이 있으니 펀드를 하겠습니다"라는 제안을 했다.

하지만 그는 몇 군데 회사를 사서 소유만 했을 뿐 매

각해본 경험이 거의 없는 사람이었다. 주주로서 배당 수입을 얻거나 회사에 비용을 댈 뿐이라는 뜻이었다.

그러나 나는 회사의 시장 가치를 높여서 매각한 후 캐피털 게인을 얻는 방법을 알고 있었다. 그렇게 하면 투자자에게도 몇 배의 이익이 돌아갈 수 있다.

이러한 과정을 거쳐 30억 엔의 투자펀드가 출범했다. 내 경험과 노하우, 행동력을 팔아 자금을 조달하면서 자본가의 지위를 얻은 셈이다.

펀드업계에 몸담으려면 트랙 레코드(과거 투자 건의 실적)가 높아야 한다. 나는 벤처캐피털 경험은 있었지만 중소기업을 매수하거나, 그런 유형의 전용 펀드를 운영해본 경험은 없었다.

그래도 돈을 모을 수 있었던 것은 하고 싶다는 열정을 과감히 말할 수 있었기 때문이다. 반복해서 말하지만 돈이 없어도 무슨 일이든 할 수 있다.

물론 30억 엔의 투자펀드를 통째로 운용하는 것은 아니다.

전체 예산은 30억 엔이지만, 가령 내가 찾아온 투자 건이 5억 엔짜리라면 투자가 결정된 단계에서 5억 엔을 은행 계좌로 송금 받는다. '캐피털 콜'이라는 방식이다.

그렇게 서서히 투자할 곳을 늘리고 매각에 의한 캐피털 게인을 투자가에게 지불하면서 6~7년 동안 약 30억 엔을 모두 사용할 예정이다.

지금까지의 실적은 3장에서 소개한 대로다.

수억 엔, 수십억 엔,
수백억 엔의 자산가 중
누가 제일 행복할까?

●

앞으로 어떻게 될지 모르지만 아직은 사업을 크게 할 생각은 없다. 조직이 커지면 반드시 '정치'가 시작되기 때문이다.

복잡한 인간관계에서 발생하는 청탁 수용 같은 커뮤니케이션 비용의 찜찜함은 직장인 시절이나 정치가 시절에 질리도록 경험했다. 그게 싫어서 조직 매니지먼트가 필요 없고 **패시브 인컴**(수동적 소득, 이 책에서는 시스템으로 얻는 소득을 뜻한다-옮긴이)이 발생하는 지금의 비즈니스에 이르렀다.

이미 투자펀드로 쌓은 실적과 노하우가 있었기 때문에 덩치를 키우면 수익도 커질 터였다. 그러나 돈을 아무리 많이 벌어도 그것으로 내가 행복해지는 것은 아니었다.

앞에서 말했듯이 돈은 도구에 불과하다. 나는 자산가가 되고 싶은 게 아니다. 어디까지나 '좋아하는 일을, 좋아하는 사람과, 원하는 대로' 할 수 있는 '자본가'로 살고 싶어서 이 일을 하는 것이다.

지금까지 수많은 부자들을 가까이에서 지켜보았다. 그들에게 자산의 자릿수가 커지면 행복하냐고 묻자 결코 그렇지 않다는 대답이 돌아왔다. 수억 엔, 수십억 엔, 수백억 엔의 현금을 보유한 사람 중에 **가장 행복해 보이는 것은 '수억 엔' 수준의 자산가였다.**

자릿수가 하나 늘어서 '수십억 엔' 수준의 부자가 되면 고민이 훨씬 많아진다. 그럴 수밖에 없는 것이 수억 엔 수준의 자산가는 수적으로 많기 때문에 세상에 별로 존재감을 드러내지 못한다. 하지만 수십억 엔 수준이 되면 '대부호'로 이름이 알려진다.

그러면 수상한 계통의 패거리들을 비롯해 온갖 인간들이 접근한다. 그게 싫어서 되도록 눈에 띄지 않게 수수한 국산차를 타는 사람도 있다. 돈을 쓰는 것인지, 돈에 쓰이고 있는지 알 수 없는 상태다.

반대로 수억 엔 수준의 자산가는 '자기의 시간'을 확

보하는 데 도움이 안 될 경우 돈으로 해결할 수 있는 정도는 되기 때문에 자유로운 생활을 유지할 수 있다. 동시에 금전 감각도 사회의 평균적인 감각과 큰 차이가 없어서 오랜 친구들과 교제하면서 즐겁게 살 수 있다.

수백억 엔 수준의 부자가 되면 이미 그런 세계는 초월한 느낌이다. 사람들의 눈을 피해 몰래 행동하는 일마저 없어진다. 그렇다고 즐거워 보이지도 않는다. 돈이 너무 많아서 일반인과는 금전 감각이 전혀 다르기 때문에 어울리는 상대도 대부분 제한적이다. 그래서 가족에 대해 푸념만 늘어놓는 사람도 있다.

돈이 인생을 즐겁고 행복하게 만들어주는 것은 아니다. 돈으로는 친구를 살 수 없고 가족 문제도 해결할 수 없다.

"블루오션이 레드오션으로 바뀌기 전에
행동하는 사람이
승리를 쟁취할 수 있다."

제5장

회사를 사서 '자본가'가 되다

일본 기업의 3분의 1이
사라지는 '대폐업 시대'

●

5장에서는 '자본가'가 되는 방법에 대해 이야기해 보자.

목표 수입이 얼마가 되었든(물론 목표액이 수십 억, 수백억 엔이어도 상관없다) 탈 직장인을 지향한다면 개인으로서 '회사를 사는' 것이 가장 적절한 선택이다.

그 노하우는 본인의 저서인《직장인은 300만 엔으로 작은 회사를 사라》와 그 속편인《직장인은 300만 엔으로 작은 회사를 사라-회계 편》에서 자세히 밝혀 놓았다. 이 책에서는 그 내용을 몇 가지 포인트로 압축해서 설명하겠다.

여러 번 언급했듯이 중소기업들이 대폐업 시대를 맞고 있는 오늘날에는 누구나 자본가가 될 수 있다. 내가 런던에서 돌아와 투자펀드를 시작한 것도 그러한 환경적 요인의 영향이 컸다.

일본의 중소기업이나 영세한 기업의 경영자는 고령화를 맞이하고 있다. 20년 전 경영자의 평균 연령이 44세였다면 지금은 66세이다. 니혼게이자이신문의 보도기사에 따르면 일본에는 약 380만 개의 중소·영세 기업이 존재하며 그 사장 중에 약 245만 명이 70세 이상의 고령자라고 한다.

가장 심각한 문제는 대부분 후계자가 없다는 점이다. 사장이 60대인 회사는 53%, 70대는 42%, 80대는 34%에 달하는 기업이 후계자를 찾지 못하고 있다. 고령이 되도록 은퇴를 못하고 있기 때문에 사장의 평균 연령도 올라가는 것이다.

후계자가 없으면 어떤 회사든 버틸 수 없다. 실제로 연간 3만 개의 회사가 폐업을 했는데 그 절반은 흑자 기업이었다. 이러한 흐름이 가속화된다면 향후 10년간 약 127만 개에 이르는 회사가 도산할 것으로 예상된다. 일본 전체 기업 수가 약 400만 개임을 감안할 때 3분의 1이 없어지는 셈이다.

이것이 일본 경제에 미치는 충격은 엄청나다.

일본 기업의 99% 이상은 중소·영세 기업이다. 경제산업성에서도 이대로 가다가는 2025년까지 약 22조 엔의 GDP(국내총생산)를 잃게 된다고 경고하고 있다. 회사의 폐업이나 도산으로 일자리를 잃는 근로자도 약 650만 명에 달한다. 근로자의 약 70%가 중소·영세 기업에 근무하고 있기 때문에 그쪽의 영향도 크다.

얼마 전에는 '아프지 않은 주삿바늘'로 유명한 오카노공업의 폐업이 화제가 되었다. 이 회사는 50년 전, 오카노 마사유키 사장이 세 명의 직원과 창업한 작은 동네 공장이지만 무려 서른 개의 특허를 보유한 연 매출 8억엔이 넘는 우량 기업이었다. 그런 회사도 후계자가 없으면 무너지고 만다는 현실이 실로 안타깝다.

중소기업 M&A 업계는
아직 블루오션

●

하지만 반대로 생각하면 이런 현상은 보물이 묻혀 있는 산이 발견된 것과도 같다. 가치 있는 중소기업을 저렴하게 살 수 있는 시장이 그곳에 있기 때문이다. 몇 년 전부터 중소기업 M&A를 중개하는 기업의 주가가 하늘 높은 줄 모르고 치솟은 이유도 그 때문이다.

'스트라이크'라는 회사는 약 9억 엔의 순이익과 400억 엔 이상의 시가총액을 달성했다. 주가와 순이익의 비율을 나타내는 PER(주가수익률)은 39배다. 한때는 100배가 되기도 했다. 대체로 주가가 높은 인터넷 기업 중에서도 월등히 높은 PER이었다. 중소기업 M&A가 그만큼 성장 산업으로서 기대가 된다는 증거다.

참고로, 2019년 1월 도요게이자이가 발표한 '평균 연봉이 높은 회사' 전국 랭킹에는 주가 그래프에도 있는

중소기업 M&A 중개업체 주가 추이

일본M&A센터
순이익: 81억 엔(2018/3연*)
시가총액: 4,717억 엔
PER: 55배

M&A캐피털파트너스
순이익: 21억 엔(2018/9연*)
시가총액: 827억 엔
PER: 31배

주식회사 스트라이크
순이익: 9억 엔(2018/8개*)
시가총액: 419억 엔
PER: 39배

2019년 2월 25일 기준 시가총액(PER), (*연: 연결순이익, 개: 개별순이익-옮긴이)

M&A캐피털파트너스가 1위를 차지했다. 이 회사의 평균 연봉은 2,994만 엔이며 머지않아 3,000만 엔을 돌파할 것으로 보인다.

5위에는 역시 M&A 파이낸셜 어드바이저인 GCA가, 7위에는 스트라이크가 이름을 올렸다. 톱10에 M&A 관련 기업이 3개나 포함된 것이다. 일본M&A센터도 23위로 상위권에 올랐다.

M&A 중개회사가 직원에게 높은 월급을 줄 수 있는 이유는 무엇일까?

그 업종의 플레이어가 아직 적기 때문이다. 어마어마한 수익이 나는 데도 그 비즈니스에 뛰어든 사람이 적기 때문에 수익률이 높아져 많은 월급을 줄 수 있는 것이다.

말하자면 이 세계는 아직 경쟁이 덜 치열하다. 중소기업 M&A는 아직 '블루오션' 시장인 셈이다.

따라서 지금은 누구나 뛰어들 수 있고 성공할 가능성도 높다. 대폐업 시대를 맞이했을 뿐 아니라 플레이어가 적다는 점에서도 이 사업은 바로 지금이 기회다.

물론 기회가 언제까지나 열려 있는 것은 아니다. 플레이어가 점점 늘어나 조만간 경쟁이 치열해질 것이다.

참고로 상장 기업 3개사의 주가는 현재 한숨 돌리는 중이라고 할 수 있다. 내 주변에도 중소기업 M&A 중개 사업으로 주식을 상장하려는 회사가 있을 만큼 이 비즈

평균 연봉이 높은 회사 톱10(전국 기준)

순위	회사명	평균연봉 (만 엔)	전년 대비 증감액 (만 엔)	평균 연령 (나이)	본사 소재지
1	M&A캐피털파트너스	2,994	1089	31.5	도쿄
2	키엔스	2,088	227	35.9	오사카
3	머큐리어인베스트먼트	1,822	718	41	도쿄
4	TBS홀딩스　순	1,632	▲ 29	51.5	도쿄
5	GCA	1,559	▲ 580	37.3	도쿄
6	미쓰비시상사	1,540	154	42.7	도쿄
7	스트라이크	1,539	▲ 238	36.2	도쿄
8	휴릭	1,530	112	39.8	도쿄
9	아사히방송그룹홀딩스	1,478	▲ 37	43.6	오사카
10	니혼테레비홀딩스　순	1,461	34	48.6	도쿄

(주) 회사명 옆의 '순'은 조사 시점의 순수 지주회사의 연봉을 의미한다.
　　평균 연봉은 인당 금액이며 직원 수가 20인 이상의 회사를 대상으로 한다.
　　▲는 마이너스. 공란은 비교 불가.

출처: (주)에 해당하는 회사의 유가증권보고서(2016년 8월기~2018년 8월기)
　　〈회사사계보〉 2018년 4집.

니스 모델은 부동산 중개와 마찬가지로 특별한 장벽이 없기 때문에 금세 과당 경쟁이 될 전망이다.

　게다가 많은 중소기업이 진짜로 문을 닫는 상황이 오면 사고 싶어도 살 수가 없다. 폐업 전에 살 수 있는 기회는 앞으로 10년이 한계다. 지금 70대인 경영자가 후계자를 못 찾으면 10년 내에 폐업을 선택할 가능성이 높다.

　따라서 작은 회사를 구입해 자본가로 살고 싶다면 가능한 한 빨리 행동하는 것이 중요하다.

벤처업계에는 '퍼스트 펭귄'이란 말이 있다. '퍼스트 펭귄'은 먹이를 찾아 가장 먼저 바다로 뛰어드는 펭귄이다. 맨 먼저 뛰어든 만큼 천적에게 쫓길 가능성은 높지만 바다의 먹이는 무제한으로 먹을 수 있다. 먼저 행동하는 사람은 리스크가 높은 대신 고수익을 챙길 수 있다는 뜻이다.

이는 내가 직접 경험한 일이기도 하다. 나는 2년 전에 "일본은 곧 대폐업 시대를 맞이할 것이며, 직장인이 회사를 구입함으로써 이를 해결할 수 있다"는 내용의 칼럼을 고단샤의 온라인 매체 〈겐다이비즈니스〉에 발표했다. 퍼스트 펭귄의 입장에서 했던 주장이었기에 처음에는 "직장인이 회사를 어떻게 사냐!"라고 호되게 욕을 먹었다.

그러나 이를 실천하는 사람이 나타나면서 그 현실성이 입증되자 고단샤에서 책을 내게 되었다. 닛케이와 도요게이자이, 다이아몬드, 프레지던트 등 대부분의 비즈니스 계열 매체에서 취재 요청을 해왔고, 테레비도쿄의 〈월드 비즈니스 새틀라이트〉에서 특집 방송을 마련하기도 했다.

지금은 앞서 언급한 온라인 살롱도 운영하고 있으며

이런 내용을 담은 책도 출간할 수 있었다.

그러나 누군가가 내가 했던 이 일을 재탕한다면 아무도 거들떠보지 않을 것이다. **내 실력이 뛰어나서가 아니라 처음 뛰어들었기 때문에 이 모든 것을 경험할 수 있었던 것이다.** 퍼스트 펭귄은 Winner-takes-all(승자독식)을 의미한다.

중소기업 M&A의 세계도 지금의 블루오션이 레드오션으로 바뀌기 전에 행동하는 사람이 승리를 쟁취할 수 있을 것이다.

지금은 개인도 가치 있는 회사를 저렴하게 매수할 수 있다

●

중소기업 M&A가 레드오션이 되면 회사의 '몸값'은 올라갈 수밖에 없다. 공공연하게 폐업 직전이라고 알려진 회사가 매물로 나오면 매수를 희망하는 경쟁자들이 늘어나면서 입찰 경쟁이 벌어질 것이다. 그 결과 회사를 매수한 후에 기업 가치를 높일 수 있다고 자신하는 사람, 즉 기업 재생 전문가만 살 수 있게 될 것이다. 개인은 이런 전문가에 도저히 맞설 수 없다.

그러나 중소기업 M&A가 블루오션 상황인 지금은 개인도 충분히 저렴한 금액으로 회사를 매수할 수 있는 기회가 있다. 앞으로 몸값이 치솟을 회사를 저가에 매수하는, 이른바 아비트리지(arbitrage, 동일 상품이지만 두 시장의 가격이 다를 경우 싼 시장에서 사서 비싼 시장에 팔아 차익을 얻는 방법)가 가능한 것이다.

일본 중소기업에는 '매각'을 기피하는 문화가 있다. 회사의 오너가 경영자를 겸하는 일이 많기 때문이다.

오너는 보유한 주식으로 배당을 얻을 뿐만 아니라 사장으로서 직원 및 거래처와 대부분 얼굴을 보고 일한다. 그래서 자사의 매각을 되도록 알리려 하지 않는다.

회사의 소유와 경영이 완전히 분리된 대기업에서는 그러한 배려가 필요 없다. 오히려 주식 가치의 공평성 등을 담보한다는 의미에서 대대적으로 입찰을 공모하여 가장 비싸게 부른 상대에게 매각하려고 한다.

그러나 중소기업의 오너는 그런 과정을 원치 않는다. 물론 회사를 매각하면 결국 모두 알게 되겠지만 그런 계획이 있다면 굳이 떠벌리지 않고 혼자 조용히 진행하려고 할 것이다. 사겠다는 회사나 개인이 있으면 일대일로 조건을 논의하고 싶은 것이다.

그러한 협상은 매수자에게 매우 유리하다. '부르는 가격'으로 이야기가 정리될 가능성이 높기 때문이다.

대기업 M&A는 주주가 많고 객관적인 수치가 요구되기 때문에 '순자산가격법', 'DCF법', '유사회사비준법' 등에 의해 가격 수준이 합리적으로 결정된다. 보유 자산과 과거 실적 등 공개된 숫자에 근거하여 적정한 가격을 산출하고 이를 토대로 입찰이 이루어진다.

하지만 오너와 매수 희망자가 협상할 때는 그렇게까지 객관적으로 기업의 가치를 계산하지 않는다. 주주가 한 명이거나 많아야 가족 몇 명 정도라서 대개 오너의 뜻에 좌우된다. 따라서 입찰에 붙였을 때보다 훨씬 낮은 가격이라도 오너만 납득하면 거래가 성립되기도 한다.

물론 그러한 거래를 성사시키려면 상호 신뢰가 필요하다.

'이 사람에게 맡길 수 있겠다' 싶으면 오너는 가격에 연연하지 않는다. 작은 회사의 오너는 어디서 굴러먹었는지 모를 상대에게 '팔아넘긴' 것처럼 보이기보다, 믿을 만한 후계자에게 회사를 '물려준' 것처럼 보여야 직원과 거래처가 이해해 줄 거라고 생각한다.

그러한 협상이 가능한 회사를 찾는 방법에 대해서는 뒤에 자세히 설명하겠다.

우선 지금은 그러한 방식의 매수가 가능한 시기라는 것만 기억하자. 가치 있는 회사를 저렴하게 살 수 있는, 아비트리지가 가능한 지금 반드시 행동으로 옮겨야 한다.

개인 자금 정도로
탄탄한 흑자 회사를
살 수 있는 이유

●

개인이 '회사를 산다'는 행위는 그동안 일반적이지 않았다. '정말 누구나 살 수 있을까?', '그 세계에서는 저렴할지 몰라도 일반인에게는 역시 비싼 거 아냐?'라고 의구심을 품는 사람이 많을 것이다.

이런 내용을 다룬 필자의 첫 저서가 나왔을 때도 제목을 보고 '300만 엔으로 어떻게 회사를 산다는 말이냐', '설령 300만 엔에 샀어도 부외 채무(簿外債務, 고의나 부주의로 회계 장부에 누락된 부채-옮긴이)만 잔뜩 있는 문제 있는 회사일 듯'라는 글을 트위터에 올리는 사람도 있었다.

결론부터 말하면 '그렇지 않다.'

제목에 사용한 '300만 엔'이라는 숫자에는 큰 의미가 없다. 직장인들도 개인 자금 수준으로 살 수 있는 회사가

146

있다는 것을 상징적으로 전하려던 것뿐이다. 물론 그보다 더 저렴하게 살 수 있는 회사도 많다. 숨겨진 부채 따위는 전혀 없는 건실한 흑자 회사도 마찬가지다.

2018년 6월 한 민영 도서관이 폐관 위기에 몰렸다는 소식이 전해졌다. 바로 도쿄 신주쿠 JR선 다카다노바바 역 근처에 있는 잡지 도서관 '로쿠가쓰샤六月社'였다.

이곳은 약 10만 권의 장서를 보유하고 있어서 방송국이나 신문사의 언론 관계자가 자료를 조사하기 위해 자주 이용했다고 한다. 입장료는 500엔이며, 20년 전에는 한 달 이용자가 1,000명에 달했지만 지금은 그 수가 대폭 감소하여 폐관을 결정하게 되었다. 그런데 문제는 장서의 처분 방법이었다.

인수할 도서관을 못 찾아서 폐기물로 처분할 경우 100만 엔이라는 돈이 드는 상황이었다.

폐업하고 싶어도 거액의 처리 비용 때문에 이러지도 저러지도 못하는 상태였던 것이다. 이런 케이스는 결코 드물지 않다.

폐업하면 공장을 정리해야 하는데 그 처리 비용이 만만치 않다. 땅값이 싼 지역은 땅을 팔더라도 폐기에 드는 비용을 감당할 수 없는 지경이다.

내가 투자펀드를 운용하던 시절에는 심지어 매출 25억 엔에 이익이 수천만 엔에 달하는데도 '인수만 해 준다면 1엔에라도 팔겠다'고 말하는 회사도 있었다.

사업을 유지하고 있으면 자산에 플러스 가치가 되지만 폐업하는 순간 그 가치는 줄어들고 심한 경우 마이너스 가치가 되기도 한다. 폐기 처분에 상당한 비용이 발생하기 때문이다.

이용자는 줄었지만 로쿠가쓰샤가 보유한 장서에는 그 나름의 가치가 있다. 누군가 이를 인수해서 경영을 유지하려고 한다면 운영할 방법이 얼마든지 있을 것이다.

가령 메이저 출판사의 직원들이 서로 제휴하여 공짜로 도서관을 인계한 다음 각 사에서 처분하는 잡지를 모아서 장서에 추가한다면 저비용으로 더 많은 장서를 확보할 수 있다. 귀한 자료를 지키는 것이 얼마나 중요한지 언론 관계자에게 호소하고 활발한 이용을 독려하는 캠페인을 벌이는 등 이용자를 끌어 모으는 방법도 생각할 수 있을 것이다.

도서관 유지가 아무리 어려워도 장서를 쓰레기 취급해서는 안 된다. 100만 엔을 들여 처분할 게 아니라 돈이 되는 '상품'으로 만들어야 한다. 보도에 따르면

〈an·an〉의 창간호처럼 희소성이 있는 과월호도 있다고 하니 메루카리(일본의 대표적인 프리마켓 앱-옮긴이)에 프리미엄을 붙여서 판매해도 될 것이다.

얼마 전에는 아무로 나미에의 은퇴 기사가 실린 〈류큐신보〉가 메루카리에서 999엔에 팔렸다. 〈an·an〉 창간호에 가격이 얼마나 매겨질지 알 수 없지만 마니아층을 상대로 경매에 붙이면 몇십만 엔은 가뿐히 넘을 것이다.

희소성 있는 장서를 몇 권만 팔아도 폐기 처분에 드는 100만 엔을 훌쩍 넘는 수익이 나지 않을까?

폐업하려는 중소기업에도 이처럼 다른 각도에서 그 사업을 바라보는 사람이 나타난다면 새로운 가치를 창출할 가능성이 펼쳐질 수 있을 것이다.

우선은 '의욕'의
깃발을 세운다

●

직장인이 손댈 수 있는 범위 내에서 저렴하게 살 수 있는 중소기업은 여전히 많다. 그렇다면 그런 곳은 어떻게 찾아야 할까?

요즘에는 '트랜비TRANBI'나 '배턴즈' 같은 인터넷 사이트에서 매각하려는 회사를 쉽게 볼 수 있다.

이 책을 집필 중인 현재 '트랜비'는 약 900건, '배턴즈'는 약 800건의 매도 정보가 게재되어 있다. 꼭 한번 둘러보자.

다만 이렇게 공개적으로 오픈된 정보는 누구나 접근할 수 있어서 매수자 간에 경쟁이 발생할 가능성이 높다. 가능한 저렴하게 사려면 당사자와 일대일로 협상하는 것이 유리하다. 따라서 이와 관련한 업계의 물밑 정보를 손에 넣어야 한다.

물론 그런 정보를 알아내기는 쉽지 않다. 끈기를 갖고 관심 있는 분야에서 꾸준히 영업 활동을 해야 한다.

**　우선은 중소기업 M&A를 반드시 실현하겠다는 깃발을 세우자.**

　회사를 매각하려는 경영자와 직접 아는 사이가 되기는 어렵겠지만 지인이나 친구 중에 그런 회사나 경영자를 아는 사람이 있을 수도 있다. 예를 들어 연하장이나 SNS 프로필처럼 눈에 잘 띄는 곳에 중소기업 M&A에 관심 있다는 의사를 표시해 두면 그것을 본 사람이 정보를 전달할 가능성이 있다.

　또 아는 세무사나 회계사, 부동산 업자에게 자신의 의사를 어필하는 것도 좋은 방법이다. 이쪽 업계의 사람들은 주변 중소기업의 정보를 꿰뚫고 있다. "그러고 보니 거기서 공장하는 사장님이 후계자가 없어서 고민이라던데"라는 식으로 정보를 얻을 수도 있다.

　회사 경영자는 친분 있는 경영자가 많다는 것에 주목하자. 사장들은 각 업계의 협회나 단체 혹은 현지 상공회의소 등에서 '사장 친구'를 쉽게 사귄다.

　따라서 사장직에 있는 친구나 지인은 유력한 정보원이 된다. "회사를 매수할 생각이야. 좋은 정보 있으면 알려 줘" 하고 내 뜻을 알려 두자. 마당발을 소개받거나 축사 교환회(새해에 축사를 나누는 모임-옮긴이) 같은 '사장들의 모임'에 얼굴을 내미는 것도 효과적이다.

직장인들에게 가장 좋은 방법은 '잘 아는 회사를 사는' 것이다. 모르는 회사는 사전에 꼼꼼한 조사가 필요하다. 협상 과정에서 상대방이 거짓말을 할 수도 있다. 하지만 그 업계의 일을 하면서 오래 알고 지낸 거래처는 그러한 리스크가 훨씬 낮다. 본인도 업계 사정에 훤하기 때문에 이야기가 빠르게 진행될 수 있다.

나도 투자펀드를 막 시작했을 때, 그런 자리가 생길 때마다 나가서 열심히 얼굴을 비췄다. 계속해서 투자 안건을 발굴해야 하는 일의 특성상 당연한 일이었다.

약 2개월 만에 약 3,000명의 상대에게 의사를 타진했고, 한 달 후 약 200건의 투자 안건을 발굴했다. 말하자면 투자 대상이 될 만한 '후보'를 모은 것이다.

200건에 이르는 내용을 상세히 검토한 후 5건으로 압축하는 데 또 한 달, 그중 1건에 투자를 결정한 것은 또 한 달 후였다. 의사를 타진한 날로부터 5개월이 걸린 셈이다.

중소기업 M&A 회사 중 ZIGExN이라는 곳이 있다.

이 회사가 발표한 자사의 실적을 보면 전체 발굴 건수는 약 600건, 그중에 접촉한 곳은 약 120건, 최종적으로 M&A에 성공한 건은 10건이었다.

M&A 전문 회사도 이러한 형편이기 때문에 영업에는 무엇보다 근성이 필요하다.

이것이 자본가라는 새로운 삶을 구현하기 위해 넘어야 하는 장애물 중 하나다. **'누구나 회사를 살 수 있는 시대'지만 손쉽게 '황금알을 낳는 닭'을 얻을 수 있는 것은 아니다.**

계약금 없이 3,000만 엔에 회사를 매수한 25세 직장인

•

애초에 회사를 경영하려면 '근성'이 필요하다.

장래성이 아무리 뛰어난 비즈니스 모델이라도 심지가 강해야 결과가 날 때까지 밀어붙일 수 있다. 온갖 역경과 스트레스가 발생하기 때문에 좌절하는 순간 패배의 쓴맛을 보게 된다. 이 말은 좌절만 하지 않으면 계속할 수 있다는 의미이기도 하다.

따라서 투자처를 선택할 때는 스스로 그 비즈니스에 진심으로 '재미'를 느끼는지 따져보는 것이 중요하다.

수치나 논리상 '잘될 확률이 높은' 비즈니스 모델도 자신이 재미를 못 느끼면 곤경을 극복할 수 있는 근성이 발휘되지 않는다. 반대로 그 비즈니스가 좋고 재밌으면 일을 할수록 더욱 애정이 생긴다.

매각하려는 상대와 협상할 때 신뢰를 얻으려면 그러

한 열의가 필요하다.

여러분이라면 '이 비즈니스는 돈이 될 것 같아서 사려고 한다'고 말하는 사람에게 애지중지 키워온 회사를 넘기고 싶겠는가? 그렇기 때문에 "이 사업이 더욱 잘되게 하기 위해 저라면 이렇게 하겠습니다"라는 식으로 **그 사업에 대한 열의를 보이지 않으면 상대의 마음을 움직일 수 없다.**

그 예로 25세의 나이에 교토의 알루미늄 절삭기 업체를 매수한 전 직장인의 사례를 소개한다.

그는 대학 졸업 후 전기제품을 만드는 대기업에 취직했지만 원래 꿈은 회사를 경영하는 것이었다. 하지만 사업에는 '0~1'의 재능이 필요했기 때문에 꿈을 이루기는 쉽지 않았다.

그때 마침 필자의 책을 읽게 되었다. 책에서 사업 승계의 형태로 기존 회사를 매수하는 방법을 알게 되어 그때부터 열심히 사업 승계에 대해 공부했다고 한다.

대단한 점은 그 대목부터다.

그는 인터넷 M&A 중개 서비스에 올라온 알루미늄 절삭기 제조업체에 장래성이 있다고 보고 '매수'를 결정했다. 도쿄에서 교토까지 수차례 오가며 70세의 오너를 열심히 설득했다.

25세의 젊은이가 그 연배의 오너에게 "자네 정도라면 넘길 수 있겠다"는 말을 이끌어냈으니 엄청난 열의로 밀어붙였을 거라는 사실은 쉽게 상상할 수 있다.

그러나 1년차 직장인에게 회사를 살 돈이 어디 있겠는가. 게다가 승계 가격은 3,000만 엔이었다.

그런데 오너에게 이야기를 전해들은 금융기관이 '그렇게 열의 있는 사람이 맡는다면 회사가 앞으로 더욱 성장할 수 있을 것 같다'고 판단을 내려서 대출을 승인했다. 결국 그는 계약금도 없이 3,000만 엔에 그 회사를 살 수 있었다.

이처럼 **상대와의 협상에서 성패를 크게 좌우하는 것은 '열의'와 거기서 비롯되는 '속도'다.**

그는 안건 발굴에서 매수까지 단 3개월 만에 성공시켰다. 우물쭈물하면 금세 다른 사람에게 안건이 넘어가 버린다. 행운의 여신은 뒤돌아보지 않는 법이다.

다만 자신이 재미를 느끼지 못하는 비즈니스에는 열의를 갖기 어렵다. 직장인은 관심 없는 일도 시키는 대로 할 수밖에 없다. 그런 점에서도 직장인과 자산가는 큰 차이가 있다.

작은 기업의 실적 개선에
카를로스 곤이나
스티브 잡스는 필요 없다

●

알루미늄 절삭기 업체를 매수한 25세의 젊은이는 전 오너가 간파한 대로 회사를 크게 성장시켰다.

그가 사장이 된 후 200만 엔 언저리를 맴돌던 월 매출은 3배까지 성장했다. 거래처에 영업을 하면서 더 많은 발주 물량을 확보했고, AI 개발업계에 있던 고교 시절의 친구를 영입해 소프트웨어를 개량하여 생산량을 훨씬 증가시켰다고 한다.

이처럼 회사를 사서 자본가가 되면 '가치'를 상승시켜야 한다는 과제가 주어진다. 배당 수입을 얻든, 매각해서 캐피털 게인을 노리든 기업 가치를 높여야 하는 것이다. 황금알을 낳는 닭으로 회사를 키우는 것은 자본가의 몫이다.

본인이 도쿄나 오사카의 대기업에 몸담고 있는 경우라면 천재적인 능력 없이는 기업의 가치 상승이 불가능하다고 생각할지도 모르겠다.

그러나 지방의 중소기업이 요구하는 것은 그렇게 대단한 수준의 개혁이 아니다. 카를로스 곤처럼 굉장한 수완을 발휘하여 대규모 정리해고를 단행하거나, 스티브 잡스처럼 혁신을 일으켜야 할 필요가 전혀 없다.

대기업의 직장인이 보기에는 '헐, 아직 이런 것도 하지 않고 있었다니'라고 생각될 만큼의 작은 개혁으로도 눈에 띄게 성과가 오르는 일이 적지 않다.

예를 들어 중소기업에는 영업회의를 하지 않는 회사가 상당히 많다. 작은 회사는 대개 사장이 생각하는 바에 따라 운영되기 때문에 직원과 의견을 나눈다는 발상 자체가 없는 경우도 있다. 그 때문에 현장의 정보나 의견을 바탕으로 해야 하는 경영 개선이 쉽지 않다.

그리고 오너(회사)와 경영자(사장)의 자금 보관처가 동일한 경우도 많다. 자금 변통 사정 등을 알리고 싶지 않아서 손익계산서와 대차대조표를 사원들에게 보여주지 않기도 한다. 그 결과 재무 수치에 근거한 사업 계획을 세울 수 없기 때문에 경영 개선에 대한 본질적인 논의가 불가능해진다.

이처럼 **회사의 경영이 사장 한 명에 의해 좌우되는 경우가 많은 것이 지방 중소기업의 특징이다.**

이런 회사에 가장 필요한 일은 대기업에서 기본적으로 하는 업무뿐이다.

매출이 떨어졌다면 영업회의를 열어서 현상의 문제점부터 파악해야 한다. 영업처의 리스트조차 없는 곳이 허다하므로 그것을 정리해서 전화를 돌리는 것부터 시작한다. 재무 수치를 바탕으로 사업계획을 수립하고 사내의 모든 업무에 KPI(Key Performance Indicator, 핵심성과지표)를 설정한 다음 생산 및 품질 관리를 위해 PDCA(계획Plan-실행Do-확인평가Check-개선Action) 사이클을 돌린다. 이러한 기본적인 업무만 제대로 해도 실적이 개선되는 회사가 많다.

도쿄와 지방 사이에는
'타임머신 경영'이 성립한다

●

내가 경영에 참여 중인 회사에서는 이런 일도 있었다.

한 직원이 영업용 차량을 검사하는 데 15만 엔을 썼다. 누군가 "다른 데도 가 봤어?"라고 묻자 그는 "아니, 항상 가던 카센터에서 했지"라고 답했다. 그 회사가 있는 곳이 좁은 지역사회라서 이해 못할 바는 아니지만 대기업이었다면 비용 절감을 위해 여러 업체에서 견적을 받았을 것이다. 하지만 애초에 그러한 발상 자체가 없는 경우가 허다하다.

거래처에서 가격 할인을 요구할 때도 대기업은 기본적으로 '협상'부터 하는데 지방의 작은 회사는 그러한 상식이 통하지 않는다. 예를 들어 3,000만 엔짜리 거래에서 상대방이 "2,500만 엔에 해 줘"라고 요구하면 담당자는 태연하게 "이 금액으로 진행해도 될까요?" 하고 묻는다. 그렇게 될 리가 있겠는가.

일을 그렇게 하는 이상 실적이 좋아질 수 없다. 하지만 반대로 생각하면 이렇게 기본적인 부분만 개혁해도 실적이 더 나아질 수 있다는 의미이기도 하다. 따라서 대기업에서 '기본'을 익힌 직장인이면 누구나 충분히 성과를 올릴 수 있다.

인력 부족으로 사업이 정체되어 재생 활동이 필요한 회사가 있었다. 내가 파견사원을 써서 인력을 확보하자고 제안하자 "인력 파견은 생각도 못 했습니다"라고 말하기도 했다. 이처럼 중소기업에는 상식적인 방법조차 모르고 있는 경우가 많다. 특히 지방의 중소기업들은 대부분 오너 개인의 판단으로 회사를 경영하기 때문에 그러한 경향이 더욱 두드러진다.

그러한 의미에서 **도쿄와 지방 사이에는 이른바 '타임머신 경영'이 성립된다.**

타임머신 경영이란 미국에서 성공한 비즈니스 모델을 일본에 들여와 큰 이익을 얻는 경영 방식으로 소프트뱅크의 손정의가 90년대 말에서 2000년대 초에 걸쳐 제창한 것이다.

당시 미국은 일본보다 조금 앞서 있었다. 그것을 잘

간파해서 미국의 조금 앞선 방식을 누구보다 빨리 일본에 도입하면 미래에서 타임머신을 타고 온 것처럼 사업에서 유리한 고지에 설 수 있었다.

마찬가지로 **도쿄에서 유행하는 비즈니스 모델을 지방으로 가져가면 중소기업의 기회는 더욱 확대될 것이다.**

단, 개혁의 힌트를 회사 바깥에서만 찾아서는 안 된다. 경영자는 교체돼도 직원은 그대로이기 때문에 그들의 의견을 듣는 것도 중요하다.

앞서 언급했듯이 대부분의 중소기업은 직원과 의견을 교환하지 않고 거의 모든 일을 사장 뜻대로 결정한다.

그러나 직원들은 항상 회사가 나아가야 할 방향에 대해 진지하게 생각한다. 지방 중소기업의 직원들은 고향과 밀착된 자사의 상품과 서비스에 진심으로 애착을 갖고 있기 때문에 회사가 어떻게든 잘되어야 한다는 생각이 강하다.

고향에 남아 중소기업에서 일한다는 것 자체가 그 직원이 지연과 혈연을 중시한다는 뜻이다. 그런 측면에서 대기업에서 취업 전쟁, 출세 전쟁을 하며 합성의 오류에 빠진 직장인과는 다른 차원의 삶을 주체적으로 선택했다고 할 수 있다.

따라서 새로운 경영자가 "그동안 어떤 점에 문제가 있었다고 생각합니까?", "이를 개선할 방법이 있습니까?"라고 물으면 아마도 건설적인 의견이 줄줄 나올 것이다. 그것을 차근차근 실행하기만 해도 회사에 큰 변화가 생길 것이다.

하지만 그러한 의견이나 아이디어를 PCDA 사이클로 실행하는 습관이 안 되어 있을 수 있다. 그럴 때는 의견만 내지 말고 화이트보드에 항목을 적어서 '누가', '언제까지' 그 일을 할 것인지 명확하게 해 두면 된다. 이 정도만 하더라도 회사의 실적은 충분히 개선될 수 있다.

뛰어난 능력과 경영 센스 없이도 얼마든지 회사를 개혁해서 가치를 상승시킬 수 있다는 것을 깨달았으리라 생각한다.

실패 리스크는
'기대치'로 판단한다

기업 가치를 높이는 데 성공했다면 조속히 후임자를 만들어 다음 말을 움직여야 한다. 주식을 갖는 데 '자기의 시간'을 쓸 필요는 없다. 계속해서 후임자를 만든다면 직장인 시절에는 '덧셈' 방식으로 증가하던 수입이 '곱셈' 방식으로 증가할 것이다.

물론 가치 상승을 위한 개혁이 언제나 성공하는 것은 아니다. 실패를 해서 오히려 기업 가치가 떨어지면 수입이 늘기는커녕 매수에 투입한 자금마저 잃게 될 수도 있다.

자본가를 꿈꾸면서도 많은 사람이 도전을 주저하는 가장 큰 이유는 바로 그 때문이다. 기존에 안정적인 수입을 올리던 직장인일수록 실패로 인한 경제적 파탄에 대한 공포가 크다.

리턴이 있으면 리스크도 있는 법이다. 투자의 세계에서는 당연한 일이다.

운전면허를 취득하면 자유롭고 편리하게 이동할 수 있는 수단이 생기는 한편 교통사고라는 리스크도 생긴다. 리스크를 제로로 하고 싶다면 더 나은 삶을 살 수 없다. 하고 싶은 일을 참으면서 따분한 나날을 보낼 수밖에 없는 것이다.

리스크를 두려워하는 것도 문제지만 무모하게 돌진하는 것도 파탄으로 가는 지름길이다.

이때 필요한 것이 '계산'이다.

내가 원하는 일을 해서 리턴을 얻고자 할 때 얼마만큼의 리스크를 감수할 수 있는지 냉정하게 '계산'한 다음에 판단해야 한다. 이때 '기대치'의 개념이 도움을 준다.

예를 들어 300만 엔에 산 회사의 기업 가치가 상승하여 1,000만 엔에 매각할 수 있는 확률을 따져보자. 확률이 30%라면 기대치는 300만 엔(1,000만 엔 × 30%)이다.

그렇다면 회사의 실적에 관계없이 매수 금액과 같은 300만 엔에 팔릴 확률은 얼마나 될까. 반반, 즉 50%이므로 그 부분의 기대치는 150만 엔(300만 엔 × 50%)이다.

기대치의 개념

그렇다면 개혁 실패로 기업 가치가 떨어져 주식이 휴지조각처럼 될 확률은 얼마나 될까. 1,000만 엔이 30%, 300만 엔이 50%라면 나머지는 20%다. 단, 0엔에는 몇 %를 곱해도 같기 때문에 이때의 기대치는 0엔이 된다.

이 세 가지 기대치를 더하면 450만 엔(300만 엔 + 150만 엔 + 0엔)이다. 즉 성공, 현상유지, 실패의 경우를 따진 종합적인 기대치는 300만 엔을 투자했을 때 최종적으로 450만 엔이다.

기대치가 투자액인 300만 엔을 밑돈다면 안 하는 것이 낫다. 그러나 1.5배 증가가 예상된다면 투자업계에서는 당연히 추진해야 할 건으로 본다.

상당히 단순화시킨 계산이지만 투자 시에는 이처럼 리스크를 세분화하여 기대치를 따져보는 것이 중요하다.

실패한다고 인생이
끝나는 것은 아니다

●

다만 투자 실패로 주식이 휴지조각이 되더라도 자신의 인생이나 생활이 파탄 나는 것은 아니다. 회사의 주주는 법적으로 '유한책임'을 지기 때문이다.

기업이 도산하면 미지급금 등의 채무가 남는데, 주식회사나 합동회사는 사장이 그것을 전부 지불해야 할 의무가 없다. 자신이 출자한 범위까지만 지불하면 된다.

300만 엔으로 주식을 샀다면 300만 엔만 잃을 뿐 그 이상의 책임은 묻지 않는 것이다.

설령 매수 후 거액의 부외 채무가 발견되더라도 관계없다. 그 시점에서 회사를 접으면 될 뿐이다. 참고로 M&A에 대해 잘 모르는 사람일수록 '부외 채무'라는 전문 용어를 쓰고 싶어 하는데, 중소기업 M&A 시에는 부외 채무가 발생할 일이 거의 없다.

직장인 시절 어렵게 고생해서 모은 돈으로 기업을 매수했다면 그 돈을 잃었을 때 무척 속이 쓰릴 것이다. 하지만 그 범위 내에서 해결이 된다면 실패는 했을지라도 인생이 파탄 나는 것은 아니니 그나마 다행이다. 그 순간은 좌절하겠지만 얼마든지 다시 일어설 수 있다.

주의해야 할 것은 연대보증이다. 그동안 일본은 중소기업이 은행 대출을 받을 경우, 사장 개인이 연대보증을 서야 했다. 연대보증인이 되면 회사가 도산할 때 사장에게 무제한의 변제 의무가 발생한다. 회사를 매수함으로써 감수해야 할 리스크가 너무 커지는 것이다.

하지만 지금은 사정이 다르다. 국가의 요청에 따라 '경영자 보증에 관한 가이드라인'이 만들어졌기 때문이다. 일본상공회의소와 전국은행협회가 만든 이 가이드라인은 **'법인과 개인이 명확히 분리돼 있을 경우 경영자에게 개인 보증을 요구하지 않는다'라고 명시되어 있다.**

예전에 은행이 사장들에게 개인 보증을 요구한 이유는 많은 중소기업이 회사와 사장 개인의 자금 보관처를 분리하지 않았기 때문이다.

은행 대출금을 사장이 개인적으로 유용했는데 회사에 돈이 없어 대출금을 갚지 못하면 은행이 난처한 상황에 처한다. 그래서 자금 보관처를 구분하지 않은 사장에게 책임을 지우기 위해 개인 보증을 필요로 했던 것이다.

따라서 회사의 주식을 사서 오너가 되더라도 회사와 자신의 자금 보관처가 잘 분리되어 있으면 개인 보증을 설 이유가 없다. 설령 은행이 개인 보증을 요구해도 당당히 거절할 수 있다. 개인 보증을 요구하는 은행이 있다면 다른 은행을 찾으면 된다. 요즘은 은행도 대출 고객이 줄어 힘든 상황이므로 기쁘게 응하는 곳이 많을 것이다.

다만 10곳, 20곳을 돌고도 대출을 받지 못했다면 그 투자는 재고하는 것이 나을 수도 있다. 그렇게까지 은행이 경계심을 갖는다는 것은 사업성 자체에 문제가 있거나 다른 문제가 있다는 뜻이기 때문이다. 126만 개의 회사가 울며 겨자 먹기 식으로 폐업 수순을 밟고 있는데 눈앞의 한 곳만 고집할 이유는 없다.

이제는 '무담보·무보증'으로 회사를 살 수 있는 시대다. 아직 개인 보증을 요구하는 은행이 많은 것도 사실이지만 옛날에 비하면 그로 인한 리스크가 매우 낮아졌다. '직장인에서 자본가로' 변신을 꾀하려는 사람에게는 든든한 순풍이 불고 있다.

"자본가는 '자기의 시간'을 소비하지 않고
여러 개의 수동적 소득을 만들어
'곱셈' 방식으로 돈을 버는 사람이다."

제6장

자본가의
3대 원칙

사장의 일과 자본가의 일의
근본적 차이

●

여기까지 읽었다면 내가 말하는 '자본가'가 어떤 사람들인지 대략 파악이 됐을 것이다.

6장에서는 자본가가 중요하게 생각하는 포인트를 세 가지로 압축하여 3대 원칙으로 설명하려고 한다.

그 전에 다시 한번 기억하자. 자본가는 직장인은 물론 경영자와도 큰 차이가 있다.

5장에서, 대기업에 근무했던 경험을 발휘한다면 매수한 회사의 가치를 효과적으로 높일 수 있다고 설명했다. 그것은 회사의 비즈니스에 직접 관여하는 '경영자'가 할 일이다. 즉 '사장이 할 일'이지 '자본가(=주주)'의 역할은 아니다.

작은 회사를 사서 오너 자리에 오르면 처음에는 사장의 일을 할 수밖에 없다.

중소기업, 특히 영세기업은 자본과 경영이 분리되어 있지 않고 매각 전에는 대부분 오너가 사장을 겸한다. 따라서 오너가 바뀌면 사장도 바뀐다. 인수할 사장을 찾기 전까지는 오너가 직접 진두지휘해야 하는 것이다.

하지만 그 역할이 길어지면 자본가로 살 수 없다. 런던에서 고베큐 수입 판매업을 시작했을 때 그것을 뼈저리게 경험했다.

당시 나의 역할은 사업이 자리 잡을 때까지 컨설팅을 해 주는 것이었기 때문에 주식 없이 사장으로서 철저히 사업에만 관여했다. 고생 끝에 1년 반 만에 자리를 잡았고 연매출 2억 엔을 달성했지만, 높은 매출에 비해 이익은 수백만 엔에 불과했다. 벤처캐피털 시절에 경험한 금융업과는 버는 수준이 너무 달랐다.

솔직히 말하면 '이렇게 땀 흘리며 노력했는데 고작 이건가'라는 생각이 들었다.

물론 꾸준히 이익을 내는 '실업實業'이라는 점에서는 존중 받아 마땅하다. 하지만 나는 그런 식으로 인생을 끝내고 싶지 않았다. 이 실업을 바탕으로 좀 더 고민해보면 같은 일을 하고도 더 큰 리턴을 얻을 수 있을 것이라 생각했다.

판로를 확대하고 비용을 절감하면 이익은 증가할 것이다. 하지만 그렇게 해서는 몇 년을 해도 이익이 한 자릿수 증가하는 데 머물 것이다. '자기의 시간'을 팔아도 '덧셈' 방식의 수익밖에 얻지 못하는 것이다.

그러나 이런 회사를 10군데 정도 소유하고 있다면 이익은 금세 한 자릿수가 늘어나 수천만 엔이 될 수 있다. 그것이 사장과 자본가의 근본적인 차이다.

자본가는 '자기의 시간'을 소비하지 않고 여러 마리의 '닭'을 들인다. 따라서 '곱셈' 방식으로 돈을 벌 수 있다.

회사를 매수했을 때, 처음에는 사장의 자리를 지키다가도 경영자를 찾으면 사업 자체를 '수동적 소득passive income'으로 전환하고 그 현장을 떠나 '다음 닭'을 찾아야 한다. 그것이 자본가의 일이다.

이때 기본으로 삼아야 할 3대 원칙이 있다. '돈과 사람을 움직일 것, 대차대조표로 돈을 벌 것, 포트폴리오를 짤 것'이다.

① 돈과 사람을 움직인다

•

시스템이 있으면 사장이 누구든 관계없다

여러 마리의 닭을 거느린 자본가는 사장처럼 사내 업무를 돌보고 일일이 지시할 틈이 없다. 현장에서 벗어나 돈과 사람을 움직여야 한다.

이때 누누이 말했던 '시스템화', 즉 누가 일해도 같은 결과를 낼 수 있는 시스템을 구축하는 것이 중요하다.

구멍가게 같은 회사에서는 누구나 '사장이 자리를 비우면 다른 회사가 된다'는 식으로 생각하기도 한다. 하지만 그런 회사는 거의 없다.

앞에서 고급 초밥집을 예로 들었는데 소바집의 경우도 '이 맛은 장인의 기술이 아니면 낼 수 없다'고 말하는 곳이 많다.

정말 그럴까?

실제로 노포 소바집을 취재한 출판사 지인에게 들은 이야기인데, 소바집 장인은 평소 "그날의 날씨에 따라 맛을 미세하게 조정한다"고 말을 하고 있지만 사실은 매일 같은 맛을 낼 수 없을 뿐이라고 실토했다고 한다.

장인의 기술을 따라 해 보면 실제로 그렇게 어렵지 않다는 것을 알 수 있다. 사람이 하는 일이니 제대로 된 매뉴얼만 있으면 누구나 할 수 있기 때문이다.

하물며 회사 사업은 소바집보다 훨씬 한 사람에 대한 집중도가 낮다.

중소기업은 사장이 정보와 의사결정을 독점하기 때문에 흉내 낼 수 없는 '장인의 기술'처럼 보일 뿐이다.

회사에서 중요한 업무를 맡았던 키맨이 퇴직하더라도 조직이 별 탈 없이 돌아가고 키맨의 존재 자체도 머지않아 잊히는 경우가 있다. 직장인이라면 누구나 한 번쯤 경험해 보았을 것이다. 나중에는 키맨의 퇴직 사실조차 기억에서 사라진다.

사장도 별반 다르지 않다. 내가 투자하는 회사 중에도 지금껏 사장이 없어졌다고 큰 문제가 생긴 사례는 없었다.

업무를 세분화해서 정리하면 대개의 일은 매뉴얼로 만들 수 있다. 그런 식으로 누구나 똑같이 일할 수 있는 시스템을 구축하면 일일이 현장에서 지시할 필요가 없다.

능력 있는 인재는 필요 없다

그러한 시스템을 구축하지 못하기 때문에 '능력 있는 인재가 있어야' 실적을 향상시킬 수 있다는 착각에 빠지기도 한다.

실제로 슈퍼맨처럼 모든 일에 능한 인재가 있다면 자본가는 회사 일에 관여하지 않고 다른 닭을 키울 수 있을 것이다.

하지만 혼자 매출 1억 엔을 찍는 슈퍼맨 같은 영업사원을 고용한다 한들 그 사람이 언제까지 그런 수준으로 일을 해 주겠는가? 경쟁사에 스카우트될 수도 있고 과로로 인해 휴직할 수도 있다. 만약 같은 수준의 사람을 데려오지 못한다면 사업이 마비될 수도 있다.

그것보다는 **누가 일하든 3,000만 엔 정도의 매출은 유지할 수 있도록 시스템을 만들고, 평균적인 능력을 보유한 영업 사원을 3명 정도 고용하는 것이 사업으로서**

는 더 지속성이 있다. 그리고 그렇게 하는 편이 사업 규모를 확장하기도 쉽다.

자본가는 회사 일에 일일이 관여하지 않아도 되기 때문에 새로운 일을 벌일 수 있다.

나는 투자펀드를 통해 7개 회사의 경영에 관여하고 있다. 각각의 시스템을 철저히 구축하여 '돈과 사람'에게 일을 시키면 그 수는 더욱 늘릴 수도 있다. 내 지인 중에는 200개 회사를 보유한 자본가도 있다.

②
대차대조표로
돈을 번다

●

손익계산서보다 대차대조표

중소기업 경영자가 가장 중요하게 생각하는 기업의 재무제표는 '손익계산서'이다. 이것은 1년치 매출액에서 비용을 뺀 것으로, 만약 손익계산이 플러스라면 그해는 흑자고 마이너스라면 적자다. 즉 회사가 제대로 돈을 벌고 있는지 알 수 있는 표다.

경영자가 손익계산서를 중요하게 생각하는 것은 당연하다. 이익이 전년보다 줄었다면 매출 신장이나 경비 삭감 등의 대책을 마련해야 한다.

그런데 그것보다 중요한 재무제표가 하나 더 있다. 바로 '대차대조표(밸런스시트)'이다. 이 표로 현 시점의 회사 자산과 부채, 순자산의 상황을 알 수 있다.

자본가는 기업의 가치를 키워서 배당 수입이나 캐피털 게인을 얻으려는 사람이다. 그러려면 **대차대조표를 먼저 살펴보고 회사의 '자산 가치'를 따져봐야 한다.**

적자를 예상하고도 매장을 내는 명품 브랜드

대차대조표를 꼼꼼히 분석하면 벌이의 규모가 크게 달라진다. 예전에 패션업계의 친구에게 유럽의 한 명품 브랜드에 대한 이야기를 들은 적이 있다.

이 브랜드는 신규 매장을 낼 때 필요한 부지는 물론 주변의 땅까지 사들인다고 한다. 10개년 사업계획을 보면 아무래도 적자가 날 수밖에 없다. 손익계산서로만 '벌이'를 생각하면 처음부터 그만두어야 마땅하다.

하지만 대차대조표로 생각하면 이야기가 다르다. 그 지역에 명품 매장이 들어서면 어떻게 되겠는가. 그동안 주목받지 못했던 거리가 '부자들이 모이는 고급스러운 거리'로 사람들에게 인식되면서 땅값이 오른다. 도쿄로 치면 오모테산도 같은 곳이 생기는 셈이다.

그 결과 매장 부지의 땅값 상승으로 자산 가치가 오른다. 그뿐만 아니라 미리 사둔 인근 땅값도 동반 상승한다. 이를 매각하면 캐피털 게인을 얻을 수 있고 빌딩을 지어서 임대료를 벌 수도 있다.

　그러한 이익이 예상된다면 매장은 아무리 적자가 계속되어도 문제없다. 손익계산서를 벌이의 지표로 삼았을 때는 얼굴이 새파래질 이야기지만 자본가는 대차대조표로 따지기 때문에 개의치 않는다. 회사를 매각할 때 생기는 캐피털 게인도 마찬가지다. 《직장인은 300만 엔으로 작은 회사를 사라-회계 편》에서 '멀티플의 신비'라는 용어로 자세히 설명했지만, 회사의 가치를 따질 때 가장 중요한 지표가 되는 것은 '장래 수익(몇 년 치 이익 등)'이다. 만약 매각 금액이 5년 치 이익과 같다면 손익계산서의 이익을 1,000만 엔만 늘려도 회사의 매각 가격을 5,000만 엔으로 올릴 수 있을 것이다.

　즉 자본가는 '소유한 회사에서 이익이 나게' 하는 동시에 '소유한 회사를 이용해 이익을 낸다.'

　사업 자체의 성패는 물론, 파급 효과까지 내다보고 회사의 자산 가치를 높이기 때문에 매각 시 캐피털 게인을 얻을 수 있는 것이다. 이것이 사장에게는 없는 자본가의 사고방식이다.

③
포트폴리오를
짠다

●

계란은 한 바구니에 담지 않는다

주식이나 부동산 투자자들이 리스크를 관리하는 방법 가운데 하나로 '포트폴리오 짜기'가 있다. 이것은 중소기업 M&A에도 똑같이 적용된다.

포트폴리오는 흔히 '계란'과 '바구니'에 비유된다. 여러 개의 계란을 하나의 바구니에 담으면 바구니가 바닥에 떨어졌을 때 계란이 전부 깨져 버릴 수 있다. 그러나 여러 개의 바구니에 한 알씩 넣어둔다면 하나쯤 떨어져도 나머지는 지킬 수 있다.

이처럼 자금을 한 곳에 몽땅 투자하면 리스크가 커지고, 여러 곳에 분산 투자하면 리스크 헤지가 된다. 그 분산된 투자의 조합을 '포트폴리오'라고 한다.

경영자도 사업이 크게 성공했다고 그 성공한 사업에만 의존한다면 위험해진다.

쉬운 예로 믹시가 있다. 믹시는 한 시대를 풍미한 SNS였다. 하지만 트위터, 페이스북, LINE 같은 SNS 서비스가 속속 등장하면서 사용자가 급격하게 줄어 한때는 거의 사장되다시피 했다. 하지만 '몬스터 스트라이크'라는 게임 애플리케이션이 히트를 치면서 기사회생할 수 있었다. 이때 해당업체는 하나의 상품에 의존하는 '외다리 타법'의 위험성을 뼈저리게 느끼지 않았을까?

자연재해는 피할 수 없다

나 역시도 투자펀드로 7개 회사를 보유하고 있기 때문에 거기에 맞게 포트폴리오를 짜 두었다.

그리고 얼마 전 그 고마움을 깊이 실감한 사건이 있었다. 2018년 9월 홋카이도 이부리 동부 지진이 발생했을 때였다.

일본창생투자가 투자하는 회사 중에 홋카이도의 표고버섯 공장이 있다. 새벽 3시, 처음 지진 발생 사실을 접했을 때는 '다 망했다'는 생각 때문에 진정할 수가 없었다. 진원지가 공장과 가까웠기 때문이다.

물론 직원들의 안부도 중요하지만 투자자를 책임지는 입장에서는 그 사업의 앞날이 더 걱정될 수밖에 없었다. 그도 그럴 것이 그 회사의 보유 자산만 약 10억 엔이었다. 지진 때문에 그 모든 것이 날아갈까 봐 두려웠고 온갖 불안이 머릿속에서 뒤죽박죽이 되어 잠을 이룰 수가 없었다.

그러나 차분히 생각해보니 그 회사의 이득이 제로가 되어도 나머지 6개 회사에서 리턴이 발생하는 한 일본 창생투자가 없어질 일은 없었다. 거기까지 생각이 이르자 불안이 다소 해소되어 홋카이도에서 들어오는 정보를 수집하는 일에만 집중할 수 있었다.

결과적으로 공장이 진원지와 약간 떨어져 있었고 지반이 튼튼했던 덕에 사업을 지속할 수 있었다.

자연재해라는 리스크는 아무리 발버둥 쳐도 피할 수 없다. 포트폴리오를 통한 리스크 분산의 중요성은 원래 알고 있던 터라 7개 회사로 분산 투자를 하고 있었다. 홋카이도 지진은 그 고마움을 몸소 체험하게 된 사건이었다.

(리스크만 분산되면 피해를 입은 투자자나 투자처가 어떻게 되든 상관없다는 이야기가 아니다. 자본가 입장에서 멘탈을 안

정적으로 유지하는 방법에 초점을 맞춘 내용이니 오해가 없길 바란다.)

리스크 분산의 관점에서 직장인을 보자면 포트폴리오 없이 소속 회사에 모든 것을 의존한 상태와도 같다. 따라서 부업으로 수입의 기둥을 여러 개 세울 필요가 있다.

위임력

●

'돈과 사람을 움직인다', 즉 시스템화는 3가지 원칙 중에서도 특히 중요하기 때문에 보충 설명을 하고자 한다.

누가 일하든 일정한 퀄리티를 낳는 시스템이 있더라도 그 현장에서 벗어나 '다음' 단계로 나아가지 못하는 사람이 있다. 정말 시스템대로 진행되는지 걱정한 나머지 직접 확인해야 마음이 놓이는 타입이다.

어느 회사에나 부하를 전적으로 믿지 못하고 사사건건 참견하는 상사가 있을 것이다. 이런 타입은 자본가와 맞지 않는다.

돈과 사람을 움직이려면 시스템뿐 아니라 타인을 믿고 맡길 수 있는 멘탈이 필요하다.

나는 문제가 발생하지 않는 한 현장에 나가지 않는다. 가능하면 문제가 생겨도 현장에 맡긴다. 자본가는

'위임력'이 필요하기 때문이다.

어지간한 일은 남에게 잘 맡기는 사람도 내가 매입한 회사의 일이라면 신경이 쓰일 수밖에 없다. 불안을 느끼는 게 당연하고 나 역시도 종종 불안을 느낀다. 하지만 이것만은 마음을 굳게 먹고 참을 수밖에 없다.

남에게 맡기면 당연히 실수와 갈등이 발생할 수 있다. 하지만 치명적인 손해를 입지 않는 한 너무 깊게 개입하지 않는 것이 좋다.

늘 본인이 능동적으로 움직이면 수동적 수입인 패시브 인컴으로 바꿀 수 없다. 세상에 완벽한 것은 없기 때문에 완벽을 추구하다 보면 영원히 '다음'으로 나아갈 수 없다.

60점에서 'OK'한다

●

따라서 '맡기기로' 결정했다면 맡은 사람에게 100점을 기대하지 않아야 한다.

90점이나 80점은 너무 팍팍하다. '60점에서 OK'라는 생각을 갖지 않으면 믿고 맡기기가 어렵다.

호리에 다카후미 씨는 그런 점에서도 매우 철저하다.

내 저서를 원작으로 《만화로 배우는 절대 성공의 공식! 호리에몬식 음식점 경영 "직장인은 300만 엔으로 작은 회사를 사라" 외전》이라는 만화를 만들었는데, 이 책의 감수를 그에게 부탁했다. 그런데 내용을 검토하고도 아무런 지적을 하지 않았다. 확인만 하고 'OK'로 끝낸 것이다.

보통 감수자로 이름이 실린다고 하면 꼼꼼하게 살펴보고 적극적으로 수정 의견을 낸다. 하지만 호리에 씨는 처음부터 100점 만점을 목표로 하지 않았다. 심각한 실수만 아니면 60점 정도에서 'OK' 한다는 태도였다. 분명 자본가로서도 그러한 태도로 달관하며 '맡기고' 있을 것이다.

자본가의 일은 '곱셈' 방식의 벌이라고 누누이 말했다.

100점 만점의 회사를 만들려고 애를 쓰면 남에게 맡길 수도 없고 직접 관리하느라 엄청난 시간과 노력이 든다. 1~2개의 회사 일밖에 관여할 수 없다. 완벽하게 해내더라도 두 곳이면 합계 200점이다.

하지만 60점에 만족하면 시스템화해서 맡길 수 있기 때문에 몇 개 회사든 관여할 수 있다. 90점을 100점으로 끌어올리는 것보다 30점과 40점을 60점으로 만드는 것이 훨씬 덜 힘들다. 그 정도로 만족하는 회사가 4곳이 있다면 60점 × 4개 회사 = 240점으로 200점이 넘는다.

60점에서 만족하려면 작은 실패를 실패로 생각해서는 안 된다.

실수나 문제가 발생해도 '다음 성공의 밑거름'이 될 거라고 믿자. 아무리 큰 손해가 나더라도 돈으로 해결할 수 있으면 돈으로 해결하고 다음으로 나아가자. **자본가**

는 실패하더라도 오히려 일보 전진을 위한 공부로 여길 수 있는 멘탈이 필요하다.

　나 역시 투자처에서 생각지 못한 문제가 종종 발생한다. 앞에서 소개한 홋카이도의 버섯 공장에서는 직원의 실수로 배관이 파열되는 바람에 등유가 2톤이나 유출되어 1,000만 엔 이상의 보상금을 물어주기도 했다.

　나름 거액의 손실이지만 이미 벌어진 일로 당사자를 탓해 봐야 바뀌는 것은 없다. 그보다는 같은 사고가 또 일어나지 않도록 시스템을 만드는 것이 먼저다.

　나는 사고의 원인을 구명한 후 재발 방지를 위한 아이디어를 마련했다. 그러한 과정을 통해 시스템도 업그레이드되고 조직의 팀워크도 튼튼해질 수 있었다. 결국 공부가 된 실패였다.

개방된 정보 공유

●

원활한 시스템 가동을 위한 마지막 요건은 조직 내의 개방된 정보 공유다.

문제에 대한 선후책을 함께 생각할 때는 개방된 장소에서 대화하며 논의 과정을 공유해야 순조롭게 일이 진행된다. 나중에 못 들었다는 사람이 나오면 같은 일을 반복해야 하기 때문에 시간이 낭비된다.

더구나 요즘은 라인이나 카카오톡, 페이스북 메신저 같은 SNS 등을 통해 언제 어디서나 단체 논의가 가능하다.

안건이 있을 때마다 회의를 하고 문서로 내용을 공유하다 보면 점점 그 시간이 지루해져서 일부의 의견으로 서둘러 결정을 내리게 된다. 따라서 '못 들었다'고 하는 사람들이 나오고 내용을 다시 알려줘야 하는 번거로

움이 생긴다.

SNS 그룹 채팅으로 정보를 공유하는 경우에도 청개구리처럼 행동하는 사람이 꼭 있다.

가령 그룹 채팅 중에 따로 일대일 메시지를 보내는 사람이다. 여러 사람 앞에서 의견을 말하기가 부끄러운 것인지, 사전 교섭을 하려는 것인지 그 의도는 모르겠지만 정말 이해할 수가 없다. 이는 남의 시간을 뺏는 쓸데 없는 행동이다.

그런 사람은 어쩔 수 없다 치더라도 어쨌든 **시스템을 구축하여 개방된 형태로 정보를 공유하면 자본가는 '위임력'을 더욱 강화할 수 있다.**

나는 주로 페이스북 메신저를 사용한다. 투자 중인 회사는 물론 일본창생투자의 직원들과도 메신저로 이야기를 나눈다. 그 정도로도 사업의 진척 상황을 알 수 있고 대부분의 용건은 정리된다.

그래서 최근에는 미팅을 갖는 일이 거의 없다. 일본창생투자의 직원들을 일주일 동안 안 만날 때도 많다.

순조롭게 돌아가는 투자처는 절대 방문하지 않는다. 말 그대로 '위임하는' 상태다. 매출 4억 엔, 영업이익 1억 엔 이상의 투자처에도 하루에 투자하는 시간은 고작 10초 정도다. 2~3건의 품의 결재 요청 메일에 회신하는 시간이다.

1년 기준으로 1시간을 할애하고 1억 엔의 영업이익을 올리는 셈이다. 이런 '주주(자본가)의 일'이라면 직장인 생활과 병행할 수 있지 않을까?

물론 특별 관리가 필요한 투자처에는 가끔 얼굴을 비치지만 그것도 일주일에 한 번 정도다.

일본창생투자는 사무직 직원과 나를 제외하면 직원이 두 명뿐인 작은 회사다. 그쪽 일도 가급적이면 관여하지 않는다.

내 이름을 내세운 투자펀드라 외부 연락은 거의 내 앞으로 온다. 하지만 메일을 일일이 주고받다 보면 끝이 없다. 처음에만 내가 회신하고 다음부터는 다른 직원을 담당자로 소개한다.

가장 중요한 업무는 신규 투자 안건을 찾아내는 것인데, 그것도 중간부터는 다른 사람에게 위임한다. 안건이 있는 중개업체나 파이낸셜 어드바이저와의 미팅은 한두 번만 내가 하고 나머지는 직원에게 맡긴다.

따라서 직원은 나보다 하는 일이 압도적으로 많다. 옆에서 보면 부하에게 모든 일을 미루고 놀러다니는 못된 상사처럼 보일지도 모르겠다.

하지만 평소에 서로의 의견을 자주 주고받고 있으며 문제가 생기면 내가 나서서 즉시 해결한다. 직원 개개인의 일처리 능력을 존중하는 방향으로 하고 있기 때문에 즐겁게 일할 수 있을 거라 생각한다.

우리가 하는 일은 한 가지 협상으로 수억 엔이 오가는 비즈니스다. 말 한마디 잘못하면 투자처의 매각이 무산될 수도 있는 세계. 그렇게 중요한 협상이라면 수장이 직접 협상에 나서야 하는 것 아니냐고 생각할 수도 있다.

하지만 그런 식으로 일하다 보면 부하가 성장할 수 없다. 강렬한 실패의 체험은 실수가 재발하지 않는 시스템을 구축하는 데 큰 도움이 된다.

자본가는 '자기의 시간'에 여백을 만들고 다음으로 나아갈 한 수를 만들어 가야 한다. 모든 일을 직접 하려들면 '곱셈'의 삶은 영원히 살 수 없다.

그리고 나는 일을 해 주는 사람들에게 성공 보수를

제대로 챙겨주자는 방침을 세우고 있다.

이런 것에 인색한 사람은 자본가에 적합하지 않다.

그러한 마음가짐이 있어야 돈과 사람을 움직일 수 있다.

"'자본가는 이럴 때 어떻게 행동할까?'를
늘 염두에 두고 행동한다면
당신의 미래도 달라질 수 있다."

제7장

자본가
마인드셋
10개조

이 책을 읽는 여러분은 대부분 기업에 근무하는 직장인일 것이다. 자본가는 '좋아하는 일을, 좋아하는 사람과, 원하는 대로' 할 수 있는 사람이라는 것은 알겠는데 회사를 직접 사는 것까지는 엄두가 안 날 수도 있다.

하지만 이 책의 주제인 '자본가 마인드셋'은 직장인들이 이 시대를 즐겁고 자유롭게 살아가는 데 도움이 되는 마음가짐이다.

생각이 바뀌면 행동이 바뀐다는 말이 있다. **'자본가라면 이럴 때 어떤 식으로 생각할까'라는 문제의식을 갖는 것만으로도 업무 성과가 크게 달라질 수 있다.**

반대로 행동을 먼저 바꾸면, 즉 **업무 방식과 생활 스타일을 자본가처럼 바꾸면 '미래에 대한 불안보다 현상을 바꾸는 게 더 불안한' 암담함에서 해방되면서 새로운 세계가 시야에 들어올 것이다.**

마지막 장에서는 하루하루의 생활 속에서 내가 중요하게 생각하는 것들과 직장인, 특히 젊은이들이 꼭 실천하기 바라는 것들을 소개하며 책을 마무리하고자 한다.

[1]
'자기의 시간'
으로 산다

자본가의 생명줄은 시간을 효율적으로 쓰는 것이다.

돈은 늘릴 수 있지만 시간은 하루 24시간, 1년 365일로 정해져 있다. 누구도 이 시간을 늘릴 수 없다.

시간은 세상에서 가장 유한한 자원이다.

그 제약에서 자유로워질수록 자본가의 수입은 많아진다. 자본가는 IRR(내부수익률)에 주목해야 한다. 오늘의 100만 엔은 내일의 100만 엔과 가치가 전혀 다르다. 시간은 이자를 낳기 때문이다. 같은 리턴이 예상되는 투자 대상이 두 곳이라면 1초라도 리턴이 빠른 쪽을 선택해야 한다. 그만큼 빨리 다음 대상에 돈을 투자하여 지수함수적으로 자산 가치를 불릴 수 있기 때문이다. 시급으로 돈을 버는 직장인과는 그런 점이 다르다.

시간 낭비를 없애자는 말은 '타인의 시간'으로 사는 것을 멈추고 '자기의 시간'으로 살자는 뜻과 같다.

나는 생활 속에서 '시간 낭비'를 없애는 방법에 대해 생각하는 습관이 있다. 예를 들면 편의점 계산대에서 "포인트 카드 있으세요?", "아뇨, 없습니다", "알겠습니다"라는 세 마디 대화가 반복되는 것이 싫었다. 이 대화를 하다 보면 '타인의 시간'을 살아가는 느낌이 들었다. **당연히 나는 포인트 카드가 없다.** 카드를 여러 장 갖고 다니며 매번 꺼내는 과정 자체가 낭비라고 생각하기 때문이다.

실제로 내가 아는 자본가 중에 포인트 카드를 갖고 있는 사람은 한 명도 없다. 돈이 많아서 포인트를 안 모으는 것이 아니다. 포인트 카드를 신청하고, 매일 갖고 다니며 번번이 꺼내야 하는 쓸데없는 작업에 '자기의 시간'을 뺏기기 싫어서다.

그런 일에 시간을 빼앗기지 않고, 포인트로 얻어지는 것 이상의 수익을 낳는 데 집중하고 싶다는 생각이 든다면 그게 바로 자본가 마인드셋이다.

스마트폰 메일함에 '읽지 않음'으로 표시된 메일이 수백 건씩 쌓여 있는 사람들이 있는데 이것도 내 기준에서는 이해하기 어렵다.

아마 그런 메일의 대부분은 광고나 안내장, 웹 매거진 기사글일 것이다. 메일이 쌓이면 봐야 할 메일을 찾기 위해 한참 동안 화면을 스크롤하며 시간을 낭비해야 한다.

물론 그런 메일을 삭제하는 데 들이는 시간도 아깝

다. 0.1초라는 찰나의 작업도 쌓이면 무시할 수 없다. 따라서 읽지 않는 웹 매거진은 수신거부를 하거나 스팸으로 처리하고 필요한 메일과 섞이지 않도록 설정한다.

단순히 내 성격이 급한 것인지도 모르지만 **자본가들은 시간 낭비라면 치를 떠는 공통점이 있다.**

얼마 전 호리에 다카후미 씨가 최근 개발된 '양치가 순식간에 끝나는 전동 칫솔'을 쓰고 싶다고 한 적이 있다. 그 마음을 나는 충분히 이해한다. 매일 아침저녁으로 이를 닦는 시간만 합쳐도 메일 회신을 수십 통은 할 수 있을 것이다.

그리고 호리에 씨를 비롯하여 애플의 스티브 잡스, 페이스북의 마크 저커버그 등 많은 자본가들은 늘 비슷한 옷을 입는다. 옷을 고르기 위해 고민하는 시간도 낭비라고 생각하기 때문일 것이다. 나도 되도록 고민이 필요 없는 옷만 입는다.

[2]

공회전을
없앤다

일의 효율성을 추구하기에 앞서 공회전을 없애는 것도 중요하다.

나는 거의 모든 업무를 아이폰으로 처리한다. 노트북보다 공회전 시간이 훨씬 짧기 때문이다.

가령 기차 같은 곳에서 일을 하려면 테이블을 펴고, 가방에서 노트북을 꺼내, 전원을 연결한 후, 스위치를 켠 다음 부팅을 기다려야 한다. 이 과정이 생각만 해도 지겨워서 일할 의욕이 사라진다. 하지만 아이폰은 '마음먹은' 순간 곧바로 작업에 들어갈 수 있다.

'아이폰만 갖고 어떻게 일을 해.' 이렇게 생각하는 사람도 있을 것이다. 하지만 의외로 많은 일을 할 수 있다. 다른 도구도 함께 써야 한다는 고정관념 때문에 그러한 오해가 생긴다. 쓸 수 있는 기계가 그것밖에 없는 상황이 되면 어떻게든 된다.

물론 나도 '모든 업무'를 아이폰으로 하는 것은 아니고 책을 집필할 때는 노트북을 쓴다. 하지만 짧은 잡지 원고를 비롯해 99%의 업무는 아이폰으로 처리한다.

이렇게 쓸데없는 공회전을 없애면 일하는 속도가 점점 빨라진다.

나에게 메일이나 문자 메시지를 보낸 사람들은 내가 답장을 너무 빨리 보내는 것에 놀라곤 한다. 이것도 **내용을 읽는 순간 답장을 해야 시간 낭비를 줄일 수 있기 때문에 생긴 버릇이다.**

나중에 답장을 하면 그 메일을 다시 찾아야 한다. 게다가 읽었던 메일을 다시 읽어야 한다. 이것 역시도 시간 낭비다.

하지만 개중에는 내용을 충분히 검토한 후에 회신해야 하는 메일도 있을 것이다. 실제로 메일을 받자마자 회신했다가 후회하는 경우도 없지 않다.

그러나 완벽하지 않아도 바로 회신하는 것이 훨씬 효율적이다. 내용이 부족하면 상대에게 다시 회신이 올 것이다. 그때 거기에 제대로 답하면 부족했던 내용이 보완된다.

눈앞의 과제는 시동이 걸려 있을 때 바로 해치우고 되도록 빨리 '다음'을 향해 달려가는 것이 좋다.

'그 메일에 답해야 하는데' 하며 계속 생각하는 것 자체가 낭비다.

쓰던 노트북은 새로 산 노트북보다 움직임이 더디다. 사용할수록 쓸데없는 메모리가 늘어나기 때문이다. **물건이든 정보든 무언가를 끌어안고 있는 것은 비용에 해당된다.** 거기에서 해방되지 못하면 자기의 시간을 늘릴 수 없다.

자본가는 아니지만 패럴림픽 금메달리스트인 나리타 구리무 씨와 같은 호텔에 묵은 적이 있다. 그는 방 번호를 스마트폰 카메라로 찍어두었다. 기억의 아웃소싱이다.

그는 목표를 정하면 끝까지 파고드는 스타일이라 집중력에 방해가 되는 것은 철저히 배제한다고 한다. 그가 일류 선수로 군림하는 이유를 알 수 있었다.

[3]

스케줄을
‘타인의 시간’으로
채우지 않는다

늘 '바쁘다 바빠'를 입에 달고 사는 사람들일수록 오히려 '타인의 시간'을 사는 편이다. 몇 달씩 꽉 차 있는 스케줄은 타인의 사정에 맞춰져 있는 경우가 많다.

첫 책을 내고 강연회와 세미나 의뢰가 많이 들어왔지만 두 달 후의 스케줄은 대부분 거절했다. 두 달 후의 날짜를 가리키며 "이 날은 시간 괜찮으세요?"라고 물어보면 속박당하는 느낌이 든다.

시간은 비어 있을지라도 그날 내가 무엇을 하고 싶어질지는 모른다.

즐거운 모임이나 관심 있는 이벤트가 있으면 언제든 갈 수 있는 상태로 있고 싶지, 타인의 사정에 맞춰 채우고 싶지 않다. 그래야 '자기의 시간'을 산다고 할 수 있다.

자꾸 '이 시간도 낭비, 저 시간도 낭비'라고 떠드니까 내가 굉장히 바쁘게 사는 것처럼 보이겠지만 그 반대다.

거의 모든 일을 시스템화해서 맡겼기 때문에 본업에 할애하는 시간은 일주일에 고작 10시간 정도다. 전혀 바쁘지 않다.

다만 아직 내게도 가난뱅이 근성이 남아 있어서 '이렇게 일을 안 해도 되나' 하고 걱정이 될 때가 있다.

그런데 생각해 보자. 만약 손정의가 일본창생투자를 경영한다면 시간을 어느 정도 할애할 것 같은가?

10조 엔의 돈을 움직이는 대자본가에게 내 투자펀드는 작디작은 '닭'에 불과할 것이다. 아마 일주일에 5분 정도를 사용하면 많은 편일 것이다. 어떤 주는 몇 초 만에 정리할 수도 있다.

일주일에 10시간이나 할애하는 나는 자본가로서 성공하려면 '아직' 멀었다. 일의 시스템을 더욱 공고히 해서 효율성을 더 높여야 하겠다고 다짐한다.

티셔츠에 청바지
차림으로 일한다

요즘은 꽤 캐주얼해진 편이지만 그래도 직장인의 복장이라고 하면 정장을 떠올리게 된다.

그런데 왜 회사에는 양복을 입고 가야 하는지 생각해 본 적이 있는가?

'상대에 대한 예의', '정장을 입지 않으면 신뢰감을 줄 수 없어서', '회사 사람들이 다 입으니까' 등 이유는 다양하다.

만약 정장을 안 입었다는 이유로 거래처가 상대해 주지 않는다면, 그 일은 나를 보고 부탁한 일이 아닐 것이다. 정장만 입으면 누구든 상관없다는 것은 내가 얼마든지 대체될 수 있는 '병사'라는 뜻이다.

거래처 직원을 정장으로 판단하는 사람은 상대방의 이름조차 기억하지 못할 가능성이 높다. 거래처 담당자에게 '어디어디 직원 분' 같이 회사 이름으로 불리는 직장인도 있을 것이다.

그리고 정장을 입으면 대개 넥타이도 맨다.

서양에서는 상사가 부하에게 넥타이를 선물하는 일

이 많다고 한다. 선물하기 무난하고 받는 쪽도 부담 없어서 그런 거라고 생각하겠지만 사실 여기에는 깊은 의미가 숨어 있다.

넥타이는 일종의 '목걸이'로서 '내가 너를 지켜줄 테니 순종적인 부하가 되라'는 함의가 담겨 있다고 한다. 즉 넥타이는 상사에 대한 예속의 징표인 셈이다.

물론 정장이든 넥타이든 본인이 좋아서 입는 것은 문제없다. 모두 훌륭한 패션 아이템이다. 고급 정장을 완벽하게 소화하는 사람은 어떤 직군에 있든 멋있다.

그런데 일본 직장인들은 자발적으로 정장을 입은 것 같지가 않다. 대량 생산된 기성 양복을 구겨진 채 입고 다니는 모습이 마치 억지로 마지못해 입은 것처럼 보인다.

패션은 나만의 개성을 표현하는 도구다. 하지만 일본 직장인의 정장 차림은 '다른 사람과 똑같이 살고 싶어', '톱니바퀴처럼 묵묵히 일하면 회사가 내 생활을 책임져 주거든' 하고 말하는 느낌이다.

하지만 앞으로는 AI가 단순 업무를 대신하는 날이 올 것이다. 회사는 새로운 가치를 가져다주는 인재에 주목한다.

그러므로 회사의 이름으로 불리는 직장인들은 더 이상 살아남을 수 없다. 자신의 이름으로 제안이나 주문을 받는 인재가 활약하는 시대가 된 것이다.

나만의 가치와 능력이 있다면 정장에 넥타이 차림이 아니어도 거래처에서 당신을 먼저 찾을 것이다.

정장을 벗고 티셔츠에 청바지 차림으로 일할 수 있는 사람이 될 수 있는가?

이제는 그러한 능력이 요구되는 시대다.

[5]

회사명이나
직함이 아닌
개인의 이름으로
성과를 낸다

거래처에서 명함을 받으면 회사 이름과 직함만 기억하고 당사자의 이름은 잊어버릴 때가 있다.

직장인들의 명함은 본인의 이름보다 소속된 단체나 조직, 그곳에서의 직함을 설명하기 위한 도구다.

하지만 나와 일로 이어져 있는 사람들이 '미토'라는 이름을 까먹고, "그 일본창생투자 사장, 이름이 뭐였더라…" 하고 말하는 경우는 없다. '일본창생투자'라는 회사명을 아는 사람이 하나도 없기 때문이다.

미토 마사카즈라는 내 존재를 가장 먼저 알고 그 다음 내가 하는 사업이 프라이빗 에쿼티 펀드private equity fund라는 것을 알게 된 다음 마지막에 일본창생투자라는 회사명을 알게 된다. 회사 이름을 알아도 일본창생투자의 규모를 모르는 이상 사장이라는 직함을 내세워봐야 아무 의미가 없다.

나에게만 해당되는 이야기는 아니다. SOHO(Small Office Home Office, 개인이 집이나 작은 사무실에서 인터넷을 활용하여 사업하는 형태-옮긴이)나 스타트업 벤처 회사의 경영자, 프리랜서도 마찬가지다. 모두 **회사명이나 직함이 아닌 개인의 이름으로 인식되며 개인으로 성과를 낸다.**

그래서 소속된 조직의 이름을 까먹는 일이 적지 않다. 나도 "미토 씨네 회사 이름이 뭐라고 했지?"라는 말을 자주 듣는다. 사람만 제대로 기억한다면 조직명은 어찌 되든 상관없는 정보다.

직장인 시절의 일정표에는 방문처의 '회사명'과 '담당자명'을 함께 적었지만 회사를 나온 후에는 '회사명'을 적지 않는다. '미토'라는 개인의 간판으로 일을 시작하자 같이 일하는 상대도 사람을 보고 일을 부탁하기 시작했다. 회사명은 아무런 상관이 없어진 것이다.

물론 나도 명함이 있고 거기에 회사명과 직책이 적혀 있다. 상대방이 원하면 명함 교환도 한다. 하지만 받은 명함은 기본적으로 보관하지 않는다. 지금은 연락을 위해 명함을 꺼낼 필요가 없기 때문이다.

누군가와 연락하고 싶을 때는 페이스북이나 트위터에 들어가 보면 대부분 찾을 수 있다. 요즘은 만나서 명함 교환을 하기 전에 이미 SNS로 이어져 있는 경우가 더 많다.

일단 연결이 되고 나면 이후의 연락은 메신저나 메

일로 하면 된다. 요즘은 명함에 적힌 내선 번호로 연락을 받는 사람도 거의 없어졌다. 휴대폰 번호를 몰라도 SNS로 연결돼 있으면 거기에서 무료 통화를 할 수 있다.

받은 명함을 버렸는데 SNS에도 없고 공통 지인도 없어서 도저히 연락처를 알 수 없다면 그 사람과는 인연이 아닌 것으로 생각하고 체념하는 게 낫지 않을까.

자본가 중에는 사람 이름을 못 외우는 사람이 굉장히 많다. 못 외운다기보다 반드시 기억하지 않아도 되는 사람까지 기억하면 두뇌 활동이 느려지기 때문에 무의식적으로 기억에서 삭제하는 것이다.

[6]
업무 시간을
자유롭게 정한다

직장인 시절에는 나도 정시 출근을 했다. 정확히 말하면 정시에 회사를 나간 것은 아니다. 정시는 9시였지만 회사의 관습에 따라 8시에 출근했다.

그 시간에 맞추려면 6시 반에 일어나야 한다. 씻고 옷을 챙겨 입은 후 집을 나와 붐비는 전철에 몸을 싣는다.

회사에 도착하면 전날의 잔업을 정리하거나 받은 메일에 회신을 한다. 9시가 지나면 새로 들어온 메일과 전화에 응대하고 오전 11시 약속에 맞춰 10시 반쯤 회사를 나온다.

일어난 지 4시간이 지난 시점이지만 책상에서 진짜 업무를 본 시간은 1시간 남짓이다. 직장인이라면 대부분 이 패턴으로 오전을 보내지 않을까.

반면 지금의 나는 딱히 이른 시간에 볼일이 없는 경우 9시에 일어난다.

씻지도 않은 채 가끔은 침대에 누워 1시간가량 받은 메일에 회신을 한다. 따라서 전화로 연락하는 일은 절대 안 만든다.

그렇게 해도 오전 중의 아웃풋은 직장인 시절과 다를 바 없다. 하지만 4시간에 걸쳐 하던 일을 1시간으로 단축했으니 생산 효율은 4배다.

그런 의미에서 직장인의 회사 출근은 과연 필요한 일일까?

사무실에 아예 나가지 않아도 일을 할 수 있다는 뜻은 아니다. 회사에서 만나 논의해야 할 안건도 있을 것이다. 하지만 전 직원이 매일 아침 같은 시간에 출근하는 것에 대체 무슨 의미가 있을까?

나는 직장의 출퇴근 시스템이 매우 비합리적이라고 생각한다.

그러나 직장인 마인드가 강한 사람은 거기에 의문을 품지 않는다. 정시에 출근하는 것 자체가 일이라고 생각하기 때문에 태풍이 오든 폭설이 오든 어떻게든 회사에 나가려고 한다.

이런 식으로 계속 일을 해온 것은 효율성이 어떻든 매일 꼬박꼬박 출근하면 월급을 받는 신분이었기 때문이다.

하지만 그러한 직장인 제도가 오래 지속된 결과 일본의 기업 사회는 세계적으로도 놀라울 만큼 생산성이 떨어지는 나라가 되어 버렸다.

업무 시간은 규칙이기 때문에 혼자만 정시 출근을 하지 않기는 어려울 것이다. 하지만 그것이 본인의 업무 효율성을 얼마나 떨어뜨리고 '자기의 시간'을 빼앗는지 자각해야 한다.

나는 이러한 방식을 직원에게 강요하는 회사가 글로벌 경쟁에서 살아남을 수 있을 거라고 보지 않는다.

사고가 정지된 채 지금 자신에게 처한 상황을 당연하게 여기고 아무것도 바꾸려하지 않는 것이 직장인에게는 가장 큰 리스크다.

[7]

돈을 임팩트
있게 쓴다

시간은 구두쇠처럼 아끼지만 돈은 거침없이 쓰는 것이 자본가의 특징이다.

효율성을 추구해서 얻은 '자기의 시간'을 의미 있게 만들려면 돈을 잘 써야 한다.

돈을 잘 쓴다는 것은 무슨 의미일까?

바로 임팩트 있게 쓰는 것이다. 유한한 자원으로 최대의 가치를 낳는다는 측면에서 시간과 돈의 사용법은 근본적으로 같다.

내가 생각하는 '잘못된' 돈 사용법은 이런 것이다.

밥이나 술을 먹고 돈을 낼 때 '어중간한 더치페이'를 제안하는 사람이 있다. N분의 1을 해서 7,000엔이 나왔는데 "각자 5,000엔씩만 내. 나머지는 내가 낼게"라고 하는 타입이다.

자기가 조금 더 내니까 사람들이 고마워할 거라고 생각하겠지만 그 정도로는 전혀 대접받은 기분이 안 든다. 모처럼 돈을 쓰고도 임팩트가 없는 것이다.

쪼잔한 사람은 자본가가 될 수 없다. 대접하기로 마

음먹었으면 "여기는 내가 쏜다" 하고 통 크게 내는 것이 자본가다운 돈 사용법이다.

나는 업무 외적으로 돈을 쓸 때도 '가장 재미있고 효과적인 방법'을 궁리한다. 조금 계산적일지는 몰라도 이런 일이 있었다.

책이 출간됐을 때 띠지에 추천사를 써 준 호리에 다카후미 씨에게 어떻게든 고마움을 표시하고 싶었다. 하지만 돈으로 사례해봤자 조금도 기뻐하지 않을 거라는 것을 알고 있었다. 어중간한 더치페이보다도 훨씬 임팩트가 약한 방법이기 때문이다.

현금을 건네는 것보다 식사 대접이 낫긴 하지만 별로 재미가 없을 것 같았다. 그런 것은 책 출간 사례가 아니어도 언제든지 할 수 있었다.

여러모로 궁리한 끝에 트위터에 "책의 인세가 들어오면 호리에 씨가 공동 경영하는 'WAGYUMAFIA'라는 레스토랑에서 파티를 하겠습니다"라고 선언했다.

호리에 씨가 그것을 리트윗하면서 순식간에 이벤트 성격을 띠게 됐다.

손님은 호리에 씨를 포함해 30명, 지출한 비용은 150만 엔이었다. 이 정도면 임팩트도 크고 '미토의 인세

환원 파티'로 사람들의 기억에 오래 남지 않았을까?

30명에게 인당 5만 엔짜리 식사를 대접했다는 사실 자체는 금방 잊힌다. 그러나 'WAGYUMAFIA에서 150만 엔짜리 파티'를 했다는 사실의 파괴력은 엄청난 것이다.

호리에 씨가 흥미를 느껴 리트윗하면 300만 명이 넘는 호리에몬의 팔로워에게 공지가 뜬다. 인세는 판매부수에 따라 결정되기 때문에 성공 보수의 분배라 할 수 있다.

돈 사용법에 관한 일화를 한 가지 더 소개한다.

나는 차가 없다. 예전에는 있었지만 지금은 최대한 홀가분해지고 싶어서 모두 처분해서 소지품을 줄였다. 그래서 이동할 때는 항상 택시를 이용한다.

요즘 골프장에 갈 때는 하이어(고급 전세 차량-옮긴이)를 애용한다. 비용은 회당 왕복 6만 엔 정도이며 한 달에 2~3번 이용하면 대략 20만 엔가량이 든다. 낭비라고 생각하는 사람도 있을 것이다.

그러나 웬만한 차는 주차장 이용비, 주유비, 보험료, 차량 검사비까지 월 25만 엔으로도 감당이 안 된다. 렉서스가 시작한 정액제 렌트카는 월 19만 엔인데 그것과 별 차이 없는 금액이다.

게다가 하이어는 '자가용' 같다는 장점이 있다. 중간에 내려도 골프 가방을 집까지 가져다준다. 이동 중에 스마트폰으로 일을 하면 그 시간은 차 내부가 사무실이 된다. 나는 이동 시간에 메일을 처리하거나 원고를 쓰는 경우가 많은데 그 일이 6만 엔 이상의 가치가 있다면 손익은 제로다.

또 골프 친구가 '미토가 하이어를 타고 왔다'며 놀라는 모습을 보는 것도 돈을 임팩트 있게 쓴다는 측면에서 재미있는 일이다.

내 생각에는 포르쉐나 페라리 같은 고급 자동차보다 하이어로 골프장에 오는 것이 더 강렬한 인상을 주는 것 같다. '150만 엔짜리 와규 파티'처럼 말이다.

이런 맥락에서 파티나 강연회에 정장 대신 기모노를 차려입고 나가기도 한다.

누군가의 인상에 강렬하게 남는 것은 비즈니스에서 매우 중요한 요소다. 일을 부탁하고 싶을 때 가장 먼저 떠오르는 사람이 된다면 일을 거머쥘 확률이 높아진다.

당연한 이야기지만 평소에도 최대의 효과를 생각하면서 돈을 쓰는 것이 자본가로서 효율적으로 돈을 벌어들이는 결과로 이어지지 않을까?

[8]

좋아하는 일,
하고 싶은 일을
'직업'으로 갖는다

강연회나 세미나를 하다 보면 "그동안 하신 일 가운데 가장 크게 실패한 일은 무엇인가요?"라는 질문을 받을 때가 있다. 하지만 대답이 선뜻 나오지 않는다.

물론 모든 일이 잘 풀린 인생은 아니었다. 현 의회의원을 그만두고 출마한 시장 선거에서 낙선한 것은 세상의 기준에서 보면 엄청난 실패였다. 그 후에 했던 런던의 고베규 수입 일도 비즈니스로서는 잘 됐지만 생각한 만큼의 이익은 안 났기 때문에 약간 헛수고였다는 느낌이 있다.

그 외에도 작은 실패는 많았다. 하지만 모두 '나름대로 재미있었다.'

스스로 결정해서 한 일이니까 결과가 별로 좋지 않아도 내 나름의 성취감은 있다. 적어도 후회는 안 한다.

다만 돌이켜봤을 때 단 한 가지 '어중간했다'고 생각되는 일이 있다. 앞에서도 언급했지만 대학 졸업 후 시도했던 공인 회계사 시험공부다.

일단 자격증을 따서 사회적 지위를 다지고 안정된 수

입을 얻어 내가 하고 싶은 일을 찾으려 했지만 허사였다.

공부를 하면서도 회계사가 하는 일에 흥미가 안 생겼고 마음이 동하지 않았다. 그러니 중간에 접은 것도 무리는 아니었다. 그런 삶은 나에게 맞지 않았다.

얼마 전 취업 준비생이 다음과 같은 질문을 했다.

"이런 회사에 지원하려면 지원 동기를 어떻게 써야 할까요?"

솔직히 깜짝 놀랐다. 자신의 지원 동기를 다른 사람에게 묻는 것은 그 회사에 진심으로 입사할 마음이 없다는 뜻이다.

타인과 상의한 백점짜리 지원 동기로 마음에 없는 회사에 억지로 들어가 봐야 본인도 재미없고 회사도 골치 아프다.

한편 '직장인의 세계는 원래 그런 게 아닐까'라는 생각도 든다. 미쓰비시UFJ, 미쓰이스미토모, 미즈호로는 각각 어떤 스타일의 지원 동기를 마음에 들어 할까? 채용하는 측도 반드시 자사에 입사해야 하는 이유를 쓰라고 하면 몇 개 못 쓸 것이다.

결국 응시자는 껍데기를 잘 꾸며서 그럴듯한 지원 동기를 쓰고, 채용하는 측도 꾸미는 재주가 있는 인재를 요구한다. 그렇게 입사한 사람이 머지않아 면접관이 되고 또 자신처럼 꾸미는 재주가 있는 인재를 채용한다. 일본의 직장인 사회는 그렇게 유지되어 왔다.

그 결과 일본 직장인들은 멸종 위기를 맞이하고 있다. **업무 환경이 급변하는 시대에 살아남으려면 내 마음에서 우러난 지원 동기가 넘치는 일을 해야 한다.**

나는 현 의회의원에 입후보하기 전에 민주당에 리포트를 제출했다. 그때는 진심으로 정치가가 되고 싶었기 때문에 하고 싶은 말이 봇물 터지듯 쏟아져 나와 단숨에 A4 5장 분량의 글을 썼다.

그러한 '열망'이 있었기에 시장 선거에서 참패한 후에도 정치가 경험을 '실패'로 여기지 않게 되었다. 오히려 재미있었던 일로 남았고 지금 하는 일에도 도움이 되고 있다.

자본가도 마찬가지지만 일은 마음이 꺾이는 순간 실패다. 마음만 꺾이지 않으면 성공할 때까지 밀어붙일 수 있다.

그리고 그 마음은 **'좋아하는 일'과 '하고 싶은 일'에 대한 열의와 신념만이 지탱할 수 있다.**

[9]
‘취미 편차치
리스트’를 만든다

자본가는 탐험가와 같다고 생각한다.

재미있어 보이는 곳이 있으면 헤치고 들어가 거기에 시스템을 만들고 타인에게 넘긴다. 그리고 또 다른 재미있는 곳을 찾아 들어간다.

많은 사람이 공감하는 재미있는 장소(가치 있는 것)에는 사람들이 모이기 마련이다. 거기에서 큰돈이 떨어지는 것은 당연하다.

이 일을 계속하려면 평소에도 꾸준히 호기심을 자극해서 자기만의 '재미'를 추구해야 한다.

그래서 **나는 일이든 취미든 재미있어 보이는 일에는 돈과 힘을 아낌없이 쓴다.** 내가 무엇에 재미를 느끼는지는 해 보지 않으면 모른다.

그래서 직접 취미 편차치(표준 점수에서 환산된 값-옮긴이) 리스트를 만들고 있다. 지금까지 했던 취미에 편차치를 계산해서 순위를 매긴 것이다.

참고로 현재 1위는 '캠핑카 비탕(祕湯, 사람들에게 잘 알려지지 않은 온천-옮긴이) 순례'다. 편차치 75로, 대학 입시로 치면 도쿄대학 의학부 수준에 해당한다.

이 경험은 실로 재미있었다. 도호쿠의 비탕을 캠핑카로 순례했는데 만약 온천 료칸에 묵었더라면 새해 특수 때문에 말도 안 되는 숙박비를 냈을 것이다. 하지만 캠핑카에서 숙식을 해결해서 숙박비가 굳었다. 게다가 비탕은 깊은 산속에 있어서 보통은 숙소로 돌아가야 하지만 캠핑카가 있어서 그러한 번거로움을 피할 수 있었다. 거점에 얽매이지 않기 때문에 행동반경이 엄청 넓어졌다.

2위는 '스카이다이빙'(편차치 74)이다. 비탕 순례와 스카이다이빙 중에 하나를 고르라면 스카이다이빙을 원하는 사람이 더 많을지도 모르겠다. 비탕 순례가 1위에 오른 것은 나도 의외였다.

그밖에 '스노보드'보다 '일어났다 다시 자기'의 편차치가 더 높거나 '골프'와 '이성 헌팅'이 막상막하인 것을 보면서 '내가 이런 인간이었나' 하고 나의 새로운 면을 발견하기도 했다.

취미가 뭐 그렇게 중요하냐고 생각할지 모르지만 이렇게 나 자신을 마주하는 일은 자본가로 살아가는 데 있어 매우 중요하다. 내가 재미있다고 생각하는 일을 하지 않으면 독자적인 개성 없이 무턱대고 남을 따라하게 된다.

'취미 편차치 리스트'는 자본가로서 탐험을 계속하는 데 필요한 '시스템' 구축이기도 하다.

나의 취미 편차치 리스트

선정 기준 두 가지 일정을 비교했을 때 먼저 하고 싶은 일을 상위에 올린다.
(희소성이 강한 것은 최대한 생략했다)

75	캠핑카로 비탕 순례		58	BBQ(흑모 와규 제외)
74	스카이다이빙		57	노래방
73	계곡물 따라 등산하기		57	늑대 인간 게임
72	레이싱 카트 타기		57	〈브라타모리〉 시청
72	로켓 응원		56	쓰쿠바 8시간 자전거 레이스
71	고래와 헤엄치기		56	동네 농구
71	만담 감상		56	사진 촬영
70	재있는 이야기 찾기		55	동영상 편집
70	배낭여행		55	태국 전통 마사지
70	퍼스트트랙 스키		55	동네 야구
70	사진 인화		54	마작
69	모닥불 피우기		54	서핑
69	트라이애슬론(올림픽)		54	장기
68	풀장에서 맥주 마시기		53	웨이크보드
67	사회/연설/강연		52	요리
67	〈다비자루〉 시청		51	트라이애슬론(철인3종)
66	마음대로 컨설팅		50	낚시
66	스쿠버		50	당구
66	히치하이킹		50	배드민턴
65	BBQ(와규 안심 통구이)		50	때 밀기
64	온천 발굴하기		49	오셀로
62	온천이 딸린 캡슐호텔 숙박		48	볼링
62	샛길 찾기		48	탁구
61	골프		……	
61	이성 헌팅		36	풀코스 마라톤
60	스키			
60	일어났다 다시 자기		◎	**기타**
59	스노보드			용암호에 내려가기
59	맛집 순례			말 타고 몽골 평원 질주하기
59	유적지 순례			비행기 조종하기
58	새치 낚시(낚은 적은 없지만)			360번 카메라로 오로라 촬영하기
				기구 타고 사파리 체험하기
				미식 페스티벌 개최

[10]

목소리는 언제나
크게 한다!

내가 아는 자본가들의 가장 큰 공통점은 '목소리가 크다는 것'이다. 소곤소곤 말하는 사람이 성공하는 경우를 나는 본 적이 없다. 그래서 자본가 일행과 식사를 하면 거의 모든 식당에서 '조용히 하라'는 주의를 듣는다.

'나는 이 일을 하고 싶어', '내가 아니면 못 해'라는 강한 마음이 바탕에 깔려 있기 때문에 목소리가 자연스럽게 커진다.

큰 목소리에서 느껴지는 열의가 타인의 마음을 움직이는 것이다.

회사 매수를 위한 협상 때도 '나는 반드시 할 수 있다'는 의지를 어필하면 신뢰감을 줄 수 있다. 지금의 펀드 사업을 시작하며 실제로 내가 경험하기도 했다(내 목소리도 상당히 크다).

본인이 하고 싶은 일을 다른 사람 앞에서 큰 소리로 말할 수 있는가.

자본가로서의 성패 여부는 이렇게 사소한 부분에 달려 있기도 하다.

"자본주의 세상에서 승리하기 위해
'자본가 마인드셋'으로 무장하라!"

자본가 마인드셋

1판 1쇄 발행   2019년 10월 17일

지은이   미토 마사카즈
옮긴이   안혜은

발행인   추기숙
기획실 최   진 | **경영총괄** 박현철 | **편집장** 장기영 | **디자인** 남용모
디자인실 이동훈 | **경영지원** 김정매 | **제작** 사재웅

발행처   (주)다니기획
출판신고등록   2000년 5월 4일 제2000-000105호
주소   (06115) 서울시 강남구 학동로26길 78
전화번호 02-545-0623 | **팩스** 02-545-0604
홈페이지 www.dani.co.kr | **이메일** dani1993@naver.com

ISBN 979-11-6212-055-2 03190

· 다니비앤비는 (주) 다니기획의 경제경영 단행본 임프린트입니다.
· 이 책은 저작권법에 따라 보호받는 저작물이므로 무단전재와 무단복제를 금지하며 이 책 내용의 전부
  또는 일부를 이용하려면 반드시 저작권자와 (주)다니기획의 서면 동의를 받아야 합니다.

· 이 책의 국립중앙도서관 출판시도서목록은 서지정보유통지원시스템 홈페이지(http://seoji.nl.go.kr)와
  국가자료공동목록시스템(http://www.nl.go.kr/kolisnet)에서 이용하실 수 있습니다.
  (CIP제어번호: CIP2019037270)

· 책값은 뒤표지에 있습니다.
· 잘못 만들어진 책은 구입하신 서점에서 바꾸어 드립니다.

독자 여러분의 책에 관한 아이디어와 원고 투고를 기다리고 있습니다. 책 출간을 원하는 아이디어가 있으신 분은 dani1993@
naver.com로 간단한 개요와 취지, 연락처 등을 보내주시기 바랍니다. 기쁜 마음으로 여러분의 의견을 소중히 받아들이겠습니다.